황금의 언어

현대수필가100인선 · 97

황금의 언어

문석흥 수필선

좋은수필사

■ 책머리에

수필은 누구나 부담 없이 읽고, 마음만 먹으면 직접 쓸 수도 있는 가장 친근한 문학이다. 다른 영역의 문학이 영상매체에 밀려 신음하고 있는 중에도 수필 인구만은 날로 증가하여 바야흐로 수필 전성시대를 구가하고 있는 이유도 거기에 있을 것이다.

시대적 추세에 힘입어 수많은 수필전문지, 수필동인지가 창간되고, 이에 비례하여 신진 수필가도 날로 늘어나다 보니 이제는 그 많은 작가, 그 많은 작품 중에서 문학성 높은 작품을 가려 읽는 일이 쉽지 않게 되었다. 이런 현상은 작가에게나 독자에게나 결코 바람직한 일이 아니다. 더 나아가서는 수필을 연구하는 후세들에게도 큰 부담이 될 것이다.

이런 문제를 해결하는 데는 출판인도 마땅히 한몫을 감당해야 한다는 평소의 소신에 따라, 본사가 기꺼이 그 역할을 맡기로 했다. 그 첫 번째 사업으로 시대를 대표할 만한 수필가 100인을 선정하고, 작가가 자선한 40편 내외의 작품을 수록한 문고본을 발간하여 이를 널리 보급함으로써 그 소임을 다하고자 한다.

본사는 사명감을 가지고 이 사업을 추진해 나가기로 했다. 작가 선정을 전담할 편집위원회를 구성하고 전권을 위임하여 일체의 사적인 정실이나 청탁을 배제함으로써 전문성과 공정성을 확보해 나갈 것이다.

따라서 이 기획물 속에는 작가의 문학정신뿐만 아니라, 본사의 문학사적 기여 의지와 편집위원 제위의 수필문학에 대한 애정과 문인으로서의 양심이 함께 담겨 있음을 자부한다. 다만, 작가를 선정하는 기준에는 많은 견해의 차이가 있을 수 있고, 선정 과정에서도 미처 챙기지 못한 부분이 있을 것이라는 사실만은 인정하지 않을 수 없다. 이 점에 대해서는 관계자 여러분의 양해 있으시기 바란다.

이 시리즈의 발간 순서는 작가, 또는 본사의 사정에 의한 것일 뿐 그밖의 어떤 기준도 적용하지 않았음을 밝힌다.

본 기획물이 시대를 초월한 많은 수필 애호가들의 관심과 애정 속에 우리나라 수필문학 발전에 한 이정표가 되기를 바랄 뿐이다.

2011년 10월

《좋은수필》 발행인 서 정 환

현대수필가 100인선 간행 편집위원 박 재 식 최 병 호

정 진 권 강 호 형

변 해 명

1_부

2_부

3_부

4_부

1부

일기 이야기
동창회
무엇이 그리도 급한가
산이 좋아
벌초
난蘭 관찰기
세일즈맨
선생님의 유형
꽁초를 주우며
시계값

일기 이야기

내가 일기를 하루도 빼놓지 않고 써 온 것이 올해로서 꼭 30년이 되었다. 대학노트에다 특별히 분량의 제한 없이 하루하루 분을 연속해서 쓴 것이다. 어느 날은 한 장 반 정도로 그친 때도 있고 어느 날은 앞뒤 한 장을 넘게 쓴 경우도 있다. 대체로 평균 하루 한 장 분량은 되는 것 같다.

미사여구의 화려한 문장도 아니고 당일당일 어떤 주제를 가지고 쓴 것도 아니다. 다만, 하루 생활하면서 겪었던 일들을 꾸밈없이 비교적 상세히 쓴 것이다. 지금에 와서 생각하면 내가 왜 일기를 쓰기 시작했는지 그 동기나 목적도 불분명하다. 맨 처음 쓰기 시작한 것이 1968년 5월 어느 날부터인 것으로 기억하는데 그 첫날의 일기 내용을 보았으면 싶으나 유감스럽게도 1권에서 3권까지는 어떤 연유로 없어졌는지 나도 모르게 없어지고 말았다. 그저 아쉽기만 하다. 지금이라도 어디엔가 있기만 하면 값을 치르고라도 찾아오고 싶은 심정이다.

일기노트는 시종 대학노트를 사용했기에 크기는 똑같으나 표지나 두께는 일정치 않다. 현재 보관하고 있는 것은 네 권째(1969년 5월 7일 수요일부터 시작)에서 결권 없이 순번대로 65권째(1998년 2월 28일 토요일부터 시작)까지 총 61권이다.

일기의 내용은 신변잡기에 불과하겠지만 그동안 일기에 얽힌 여러 가지 일화들도 꽤 있다. 사람의 두뇌는 기억하는 기능도 있지만 한편 망각해버리는 것 또한 적지 않다. 그러나 내 일기장에는 내 두뇌에서 망각해 사라지는 것들을 그대로 받아 놓은 듯이 깜짝 놀랄 정도로 잃어버린 지난 일들이 고스란히 기록되어 있다.

직상 생활하는 사람들이 월급을 담보로 퇴근길에 단골 술집에 들려 동료들끼리 외상 술을 마시며 그날에 직장에서 있었던 좋은 일, 그른 일 모두 털어놓고 기뻐도 하며 위로도 하며 기분 전환을 하곤 한다. 그러나 월급날 외상값을 갚아야 하는 심정은 우울하기 이를 데 없다. 경우에 따라서는 기억조차 불분명해서 누가 갚아야 할지 서로 나는 아니요 하고 갚기를 기피하기도 한다. 이럴 때 내 일기를 찾아보면 너무도 소상히 기록되어 있어서 난해하던 외상값 풀이가 쉽게 해결되는 것이다. 그뿐이랴. 직장에서도 과거에 중요한 행사 중 꼭 필요한 자료나 내용들이 기록 정리 보관이 되지 않아 후일 유사한 행사를 치르고자 할 경우 참고할 자료가 없어 난감할 때가 있다. 이럴 때 혹시 내 일기 속에 어느 정도 나타나 있나 기대하면서 찾아보면 의외로 소상히 기록되어 있어서 그야말로 천금 같은 명약의 구실을 하기도 한다. 그러나 때로는 일기로 인해서 정말 난처한 입장에 처하는 경우도 있었다. 만약 내 일기가 공개되면 어느 특정인이 결정적으로 불리해짐은 물론 크게 곤혹을 치를 상황인데 관련된 반대쪽 사람이 내 일기에 결정적인 증거가 기록되어 있을 것임을 확신하고 한사코 일기를 보여 달라는 것이다. 그러나 나는 내 일기가 사사로운 사건에 증거물로 이용당해서는 안 된다는 확고한 소신으로 끝내 거절하고 말았다. 이로 인해서 나는 수년지기 객지 벗 한 사람과 내내 소원한 관계가 된 적도 있었다.

사실 일기를 쓰는 순간만큼은 이것저것 사려서 쓰지를 않는다. 그날에 있었던 일, 느꼈던 감정을 조금도 꾸밈없이 사실 그대로 쓴다. 그러기에 일기는 나 혼자 쓰고 덮어두어야지 누구에게 공개하거나 또 나도 모르게 다른 사람이 보아서도 아니 될 것이다. 나는 일기를 쓸 때, 다른 글과 달리 퇴고의 과정도 없거니와 맞춤법 같은 것 일일이 의식하지도 않은 채 나 혼자 도취되어 일필휘지로 쓰고 만다. 장기간 여행 중이거나 출장기간 중에는 일기노트를 가지고 다니며 그날그날 쓰기가 곤란할 때는 메모장에 날짜와 요일, 날씨 그리고 그날의 사안들을 개조 식으로 간단히 기록했다가 나중에 돌아와서 메모해둔 내용을 토대로 당시의 기억을 되살려 일기노트에 정리한다. 때로는 한 끼 밥은 거르는 경우가 있어도 일기만큼은 하루도 빠짐없이 계속 이어 써 가는 것이다.

지금도 이 일기를 무엇을 위해 왜 쓰는지 확실한 답을 내릴 수는 없으나 30년을 하루도 빠짐없이 이어온 것이기에 어느 날이고 단 하루라도 일기를 거른다면 내 삶이 하루 끊어지는 듯한 느낌이기에 지엄한 나 자신의 명령으로 무조건 쓰는 것이다. 꼭 필요한 경우가 아니라면 지나간 일기를 되읽어 보는 일도 없다. 서가에 한 단을 차지해서 쓰는 순서대로 계속해서 꽂아 둘 뿐이다. 가끔씩 서가에 가지런히 꽂혀 있는 일기장을 바라보면서 내가 죽은 후에 저 일기장의 운명이 어찌 될 것인가를 상상해 본다.

내가 생전에 세상 사람들이 다 아는 명사도 아니요, 또는 유명한 작가도 아닌 바에 내 일기가 책으로 출판될 것도 아닐 것이고 그렇다고 자식들이 두고두고 읽으면서 세상 살아가는데 값진 교훈이 될 만한 가치가 있는 것도 아니지 않는가. 자식들의 입장에서도 함부로 처분하자니 불경스럽게 여겨질 것이고 정말 어찌할 수 없는 애물단지 신세가 될 것이 아니겠는가? 그렇다면 적당한 시기에 내 손으로 태워 없애버리는 편이 낫지 않을까 하는 생각도 든다. 이런저런 생각에 잠기다 보니 그래도 비록 가치는 없겠지만 지금까지 써 온 그 정성과 집념이 한순간에 불 속 재로 사라진다는 것은 너무도 허무한 감이 들어 일단은 없앨 것인가, 남길 것인가는 더 이상 생각하지 않기로 했다.

비록 명문이나 교훈적인 내용은 아니더라도 그날그날 내 삶의 솔직한 모습과 그 기록이 고스란히 숨쉬듯 살아 있지 않은가. 지금까지는 맹목적으로 써온 일기라고 하겠지만, 이제는 인이 박혀 쓰는 일기가 되었고 또 거짓된 일기를 쓸 수 없듯이 내 삶 또한 거짓된 삶이 될 수 없다. 일기는 내가 쓰지만, 그 일기는 나를 이끌고 가는 보이지 않는 길잡이가 나도 모르는 사이 되어 있는지도 모른다. 남달리 특별한 재주도 없고 남겨 놓은 것도 없지만, 내 반평생 삶의 기록이라도 있다는 것으로 나 혼자만의 가치를 느끼면서 이 세상 사는 날까지 일기는 계속 쓰고자 한다.

《수필공원》 1998. 가을호.

동창회

참으로 오랜만에 초등학교 동창생들의 모임을 가졌다. 가만히 따져 보니 졸업 후 36년 만의 만남이다. 그 어간 몇 번씩 사적私的으로 만나던 친구도 있었지만 졸업 후 처음 만나는 친구도 많았다. 홍안의 소년으로 헤어졌다가 이제 50고개에서 만났으니 우선 외모에서부터 너무도 큰 변화를 느낄 수 있었다. 어쨌거나 죽마고우竹馬故友에 동문수학同門受學이었다는 그것 하나로 말부터가 거추장스런 예절을 버리고 36년 전 어린 시절의 말투로 돌아가니 곧 친숙해졌고, 그러다 보니 차츰차츰 얼굴 어느 구석에선가 옛 모습들을 찾게 되었다.

정말 즐거운 분위기였다. 좀 출세를 한 친구도, 보잘것없는 노동자, 농사꾼 친구도 모두 다 옛날의 친구로 쉽게 돌아간 것이다. 개구쟁이 짓했던 일, 매 맞았던 일, 벌 섰던 일,

싸우던 일, 여학생에게 짓궂게 굴었던 일 등 갖가지 추억담들이 쏟아져나왔다. 거기다 술들이 거나하게 취하니 분위기는 한결 더 고조되었다. 옛날에 불렀던 교가도 특별히 가사를 기억해내지 않아도 저절로 이어졌다. 이제는 다 할머니가 된 여학생 동창들도 어느샌가 서로 이름들을 부르고 말을 놓게 되었다. 그래도 거부감이 없다. 이렇게 초등학교 시절의 동창들을 만나니 갑자기 동심이 되고 고향에 돌아온 포근한 느낌이었다.

여름이면 베잠방이에 맨발로, 겨울이면 검정 물을 들인 광목 솜바지 저고리에 버선과 짚신을, 잉크에 얼룩지고 이곳저곳 헝겊으로 기운 모양 없는 책보자기, 그것을 허리에 메고 멀리는 20리가 넘는 곳에서도 한적한 산 고개를 넘고 서너 부락을 지나 읍내에 있는 학교에 걸어서 다니지 않았던가. 집에 가다가 배고프면 인적 없는 길가의 무나 고구마를 뽑아 먹고, 또 먼 길 지루해서 수숫대를 잘라 한쪽 끝을 꺾어 길에 금을 그으며 가곤 했다. 더우면 책보며 잠방이며 벗어던지고 길가 웅덩이에 풍덩 뛰어들어 미역 감고, 미꾸라지, 우렁이, 송사리 잡느라 정신이 없었다.

이런 동아리들이었기에 흉허물이 없고 정이 들 대로 든 것이다. 그랬기에 졸업식장에서는 온통 울음바다를 이루었다. 생전 울지 않을 것 같던 개구쟁이, 말썽쟁이들도 목을 놓아 울었고 선생님도 학생들도 얼마 동안은 교실에서 움직일 줄

몰랐다. 모두가 눈이 퉁퉁 부어 담임선생님에게 떠밀리듯 교문을 나오던 졸업식 날의 모습이 눈에 선하다.

동창회는 이런 많은 추억들을 되새기며 한데 얼려 옛정을 나눌 수 있는 분위기래야 참 동창회가 아닐까 한다. 나도 지금껏 교직에만 몸담아 왔기에 내가 가르친 졸업생들이 가끔 동창회를 하는 모습을 관심 있게 보곤 한다. 그런데 내가 느끼는 그런 추억과 낭만이 있는 동창회 같지는 않다. 물론 형식이나 방법은 우리 세대들의 그것과 별 차이가 없지만 어딘가 맛과 멋이 없는 것 같은 느낌이다. 그도 그럴 것이 인구 폭발 시대에 태어나 비록 풍요롭고 편리한 생활환경이라고는 하지만 콩나물 교실에서, 지식 위주의 교육 풍토 속에서 학창 시절을 보냈으니 무슨 인상 깊은 추억과 낭만이 있겠는가.

더구나 근래에 와선 동창회라는 명칭보다는 듣지도 보지도 못한 반창회라는 모임을 갖는 것을 본다. 이 말은 국어사전에도 나와 있지 않다. 자기들끼리 멋대로 만들어낸 비공인 신종어인 것이다. 즉 자기네 동학급생들끼리만의 모임인 축소형 동창회인 것이다. 그렇게 모여서는 옛 은사님들도 외면하고 졸업 당시의 자기 학급 담임선생님 한 분만 살짝 모신다. 그러니 나처럼 관리직에 있는 사람은 제자도 없고 또한 은사 구실도 못하는 신세가 되는 셈이다.

이것이 바로 새 세대에 맞는 신형 동창회인 것이다. 사회구조가 옛날 농경사회에서 산업사회로 변화하면서 가정 구성도 종래의 대가족 제도에서 핵가족으로 바뀐 것이다. 그러고 보면 동창회가 반창회로 핵화한 것도 당연한 시대적 요청일는지도 모른다. 이와 같은 끼리끼리의 핵화 현상이 젊은 세대들에게는 좋을는지 모르겠지만 늙어가는 입장으로서는 그렇게 좋아 보이지 않는다. 그러기에 갈수록 마음만은 비록 못살고 불편스러웠지만 정이 있고 낭만이 있었던 옛날로 치닫는다.

요즘은 돈 많이 번 도회지의 번질번질한 친구보다도 고향 땅에서 농사짓는 찌들고 거무튀튀한 친구가 더 정겹고 만나면 술이라도 한잔 나누며 이야기하고 싶어진다. 정년이라도 하면 이런 친구들이 있는 고향 땅으로 돌아가 살고픈 마음이 가끔씩 떠오른다.

(1983)

무엇이 그리도 급한가

정말 한순간의 앞일을 모르고 사는 게 인생인가 싶다. WBC 챔피언 타이틀전에서 14라운드의 종이 울리자 성난 맹수와도 같이 챔피언 맨시니를 향해 뛰어들던 김득구 선수가 순간적으로 맞은 펀치 한 방으로 녹다운 당한 것이 영영 돌아오지 못할 죽음의 길이 되고 만 것이다.

챔피언이 되지 못할 바에는 죽어 돌아오리라는, 그야말로 죽기를 각오하고 작은 모형 관까지 만들어 가지고 적지에 갔다고 하지 않는가. 그러나 그것은 어디까지나 각오이지 설마 일부러 죽기까지야 했을까마는 우연치고는 너무도 기가 막힌 일치였다.

다른 나라 사람들은 겪어보지 않아서 잘 모르겠으나 우리 나라 사람들은 죽는다는 말을 너무 잘하는 것 같다. 마치 죽기 위해 태어난 것 같은 느낌이다. 어린아이에서부터 노인에 이르기까지 일상용어 속에 죽는다는 말이 아무런 거리낌 없이 쓰이고 있다.

더워 죽겠다, 추워 죽겠다, 배고파 죽겠다, 배불러 죽겠다, 우스워 죽겠다 등. 이것은 자신이 죽겠다는 표현이고 그 밖에도 남을 향해 죽이겠다는 말도 많이 한다.

너 죽을 줄 알아, 당장 죽여버릴 거야, 그놈 언제 죽어도 내 손에 죽어 등등…

5천 년 역사를 통해 이웃 나라 한 번 감히 넘보지 못했고 오히려 많은 침략과 수모를 받으면서도 오직 타고난 그 착하고 어진 마음과 남을 극진히 섬기는 마음, 바른 예절, 그것 하나로 겨우겨우 이 땅을 지켜오지 않았는가. 그런 착한 백성들이 어째서 그렇게 자신이 죽고 남을 죽이고 하는 말들을 아무 거리낌 없이 예사롭게 하며 사는지 모르겠다. 지나치게 자신을 낮추고 겸손한 마음에서 즐거운 일이건 괴로운 일이건 간에 그 감정의 표현을 죽음으로 귀착시키는 것일까? 그러면서도 막상 죽었을 경우에는 '죽었다.' 고 아니하고 '갔다.' 고 표현한다.

이토록 자신의 감정을 극단적으로 표현하는 우리의 언어 습관이 때로는 방정맞게도 사실과 맞아떨어져 입방아 찧은 것을 후회하기도 한다.

김득구 선수는 스물세 살 아까운 나이에 그 한 판의 시합에서 얻어맞고 귀한 목숨을 잃은 것이다. 물론, 공인된 시합이었기에 때린 자는 가해자일 수도 없고 재판도 받지 않는다. 생각할수록 어처구니없는 일이다. 돈도 엄청나게 받고 명예도 영광도 따르게 되어 한 번 해볼 만한 싸움이긴 하겠지만 목숨을 잃지는 말아야 할 것 아닌가.

"사나운 개 콧등 아물 날 없다."는 속담도 있지만 단번에 큰돈과 명예를 거머쥐겠다는 조급성과 용맹성이 죽음까지 불러왔다면, 권투가 아무리 인기 있는 스포츠라도 재고할 필요가 있지 않은가.

짐승들의 사는 모습을 보면 오래 사는 짐승일수록 여유 있는 모습을 볼 수 있다. 육상陸上에서는 코끼리, 수중水中에서는 거북, 공중空中에서는 학, 이들이 사는 외적 환경은 서로 달라도 행동의 여유가 있고 그리고 오래 산다. 반대로 같은 환경 속에서 살면서도 성질이 급하고 사나우며 힘이 세면서도 앞의 짐승들보다 오래 못 사는 짐승이 있다. 호랑이, 상어, 독수리가 그렇다.

깊이 연구해 보지는 않았지만 내가 환갑을 훨씬 넘게 살아오면서 보아 온 경험과 느낌으로는 우리 인간들도 마음과 행동의 여유를 가지고 사는 사람들은 오래 사는 것 같다. 조급한 가운데 걱정이 그칠 날이 없고 그로 인해 밤잠을 설치고 식욕마저 잃고, 또 그러다 보니 몸의 여기저기에 병이 생기고, 이런 인생을 사는 사람도 흔히 본다.

옛날에는 환갑만 살면 오래 산다고 했고, 또 다 산 것으로 얘기했다. 그렇다면 칠십 고희古稀까지 무사히 산다고 할 때 그 세월을 계산해 보면 엄청난 시간을 사는 것이다. 이것을 또 분分이나 초秒로 더 세분한다면 그야말로 천문학적 숫자일 것이다. 그러나 어찌 이 엄청난 삶의 시간들을 보장하리오. 알게 모르게 다가오고 또 지나가고 하는 그 많은 화禍와 복福을 정말 미리 감지하지 못하고 살아가는 것이다. 차라리 생각을 하지 않음이 편하리라.

스피노자는 "내일 지구가 멸망해도 한 그루 사과나무를 심겠다."라고 했다. 이 얼마나 여유 있는 마음인가.

(1983년)

산이 좋아

금년 여름휴가 때는 다른 어느 때보다도 산행을 많이 했다. 그것도 우리 남한 땅에서는 높은 산으로 꼽히는 설악산 대청봉, 지리산 천왕봉, 오대산 비로봉 등이다. 이 산들을 각기 당일로 등, 하산을 했는데 이상하게도 세 산 모두 온종일 비를 맞으면서 강행한 것이다. 물론 우의를 입었는데도 워낙 비가 많이 오니까 속옷까지 비에 젖어 들었고 등산화 속까지 빗물이 흘러들어 몇 번씩 벗어서 짜낼 정도였다. 특히 지리산 천왕봉 등반 때는 마침 북상하는 태풍의 영향으로 세찬 비가 온종일 줄기차게 내렸다. 산도 높고 긴 시간이 걸리는 종주산행이기에 이것저것 필요한 장비와 먹을 것 등을 챙겨 넣은 10kg이 넘는 배낭을 멘 데다 비까지 흠뻑 맞았으니 얼마나 무겁고 불편한 차림인가. 비가 워낙 줄기차게 내리다 보니 계곡물은 말할 것도 없거니와 등산로도 수로인지 등산로인지 구별할 수가 없을 정도였다.

더구나 정상에는 바람이 세서 뺨을 후려치는 빗방울이 따갑기까지 했고 시야가 흐려 산 아래 아무것도 보이는 게 없었다. 게다가 한기마저 느껴져 오래 머물 수도 없었다. 하산 길 또한 만만치 않았다. 비에 젖어 미끄러운 데다 다리에 힘도 빠지고 기력도 더욱 멀어져 몹시 힘든 하산이었다. 내 나이에 1,915m의 높은 산을 그것도 당일로 등, 하산을 하는 것이 무리이긴 하지만, 그래도 아직까지 후유증은 없다.

이토록 힘든 산행을 왜 하는가. 이 문제는 산을 모르는 사람들에게는 전혀 이해가 되지 않을 것이다. 나는 산을 다닌 지는 퍽 오래되었지만 젊은 시절에는 산의 진가를 별로 못 느끼고 또 그렇게 힘든 것을 느끼지도 못한 것 같다. 그리고 꼭 가고 싶어 간 것도 아니고 상황에 따라 갔었는데, 지금은 그렇지가 않다. 마치 산에 중독이나 든 듯이 주말이나 공휴일이 되면 으레 마음이 산에 가 있는 것이다. 무어라 꼭 표현할 수는 없지만 젊은 시절과는 다르게 산에 대한 매력과 그 진가를 나름대로 느끼고 있는 것이 아닐까.

어쨌든 등산 복장과 장비를 갖추어 집을 나서는 순간부터 마음은 평화롭고 기쁨으로 가득 찬다. 목표한 산에 이르러 본격적으로 산행이 시작되면 그 신선한 공기와 숲내음만으로도 몸속의 묵은 찌꺼기들이 확 빠져나가는 것 같다. 또 각종 새들의 생명력 있는 소리와 계곡에 흐르는 시원스런 물소리를 들으면서, 직장에서 거리에서 잠시도 쉴 사이 없는 각종 소음과 좋건 싫건 대인관계에서 오갔던 여러 가지 잡소리들로 뒤엉켜 어수선했던 머릿속도 씻은 듯이 가셔지는 것이다.

그러나 이처럼 선경에 도취하는 것도 한때뿐, 산이 점점 높아지면서 숨이 가빠지고 한 발 한 발 옮길 때마다 다리에 힘이 빠지며 온몸에 땀이 비 오듯 솟아 흐르면 신선한 공기며, 숲 내음이며, 시원한 계곡 물소리, 아름다운 새소리 등 이런 것들은 모두 내 감각 속에서 사라지고 오직 엄습해 오는 육신의 고통과의 싸움뿐인 것이다. 도저히 버티기 어려울 지경이면 잠시 쉬었다가 다시 도전하며 정상까지의 거리를 좁히는 데만 온 정신력과 체력을 집중시킨다. 너무도 지치고 기력이 다 떨어질 정도가 될 때에는 정상에서 누가 나를 기다리는 것도 아니고 상을 받는 것도 아닐진대 내가 왜 이 고생을 하는가 하며 독백을 하기도 한다. 그러면서도 사력을 다해 올라가면서 곳곳에 서 있는 이정표에서 정상이 점점 가까워짐을 보고 새로운 용기와 힘을 얻는다. 또한 가며 오며 스쳐지나는 낯선 등산객들로부터 "수고하십니다. 이제 정상이 얼마 남지 않았습니다."하는 인사말이라도 듣고 보면 새로운 힘이 솟는다.

산행에서는 등, 하산 길에 만나는 낯선 사람들끼리 자연스럽게 이런 인사말을 주고받는다. 이것은 거리에서는 볼 수 없는 등산인들 사이에 있는 예의요 정의 표시다. 그러기에 산행 중에 등산인들끼리 싸우는 모습을 찾아볼 수가 없다. 무엇인가 서로 도와주고 양보하고 아낌없는 인정을 베풀고자 하는 마음이 묵시적으로 통하는 것이다.

그토록 긴 시간을 끈질긴 자기와의 싸움에서 이겨 드디어 정상에 도달했을 때의 그 성취감을 무엇으로 다 표현하랴. 탈진했던 기력이 다시 솟구치고 환희에 넘친다. 정상에서의 환희도 그때뿐 하산 길도 힘들기는 마찬가지다. 경사가 급한 계곡 길, 울퉁불퉁 제멋대로 된 돌길 등을 디딜 때 발목이나 무릎 관절에 받는 충격으로 등산 때와는 또 다른 다리의 통증을 느낀다. 표고가 높은 산일수록 경사도 급하고 계곡도 깊어 이런 증세는 더욱 심한 것이다. 이런 모든 고통과 피로를 견디며 사고 없이 하산을 마쳤을 때에는 물론 기력은 떨어졌지만, 자력으로 이 높고 험한 산을 완주했다는 성취감으로 희열을 느끼며 자신감을 가지게 된다.

우리나라 대부분의 산에서는 다 있는 더덕구이, 도토리묵을 안주로 시원한 막걸리 한두 잔 마시면 쌓였던 피로가 거뜬히 풀린다. 이상한 것은 온종일 이렇게 힘들고 고통스런 산행을 했는데도 다음날 근무에 별로 피로감을 느끼지 않는다. 이 또한 산행이 주는 신비한 힘이 아닌가 싶다.

나는 자일을 타고 암벽이나 빙벽을 오르거나 에베레스트를 정복하는 전문 산악인은 아니다. 그저 국내에 있는 산으로서 등산로가 나 있으면 높은 산, 낮은 산 가리지 않는다. 그저 산이 좋아 여가만 있으면 다니는 취미 등산에 불과하다. 그렇지만 내가 산을 좋아하는 것은 언제나 변함없고 듬직하면서도 무엇인가 진실을 간직하고 있는 그 산을 오르며 남과의 싸움이 아닌 나 자신과의 싸움을 견디어내고 이겨내는 그것이 바로 좋은 것이다.

《주간교육신문》 1996년

벌초

말복도 처서도 다 지나고 나니 열대야 현상으로 잠 못 이루고 고생하던 그 어간이 나날들이 언제 그랬냐는 듯이 이젠 제법 아침저녁으로 서늘해져서 단숨에 깊은 잠을 잘 수가 있어서 살 것 같다.

그렇지만 아직 한낮의 바깥 햇살은 뜨겁기만 하다. 그래도 습기 없는 건조한 바람이 일어 얼굴이나 옷소매에 스치는 그 시원한 촉감은, 이제 곧 더위가 물러갈 것임을 암시라도 해주는 것일까? 그래서인지 하늘은 요 며칠 전보다도 훨씬 더 푸르고 맑게 보인다. 가로수 어디엔가 달라붙어서 그칠 사이 없이 울어대는 매미소리도 한결 맑고 힘차게 들리는 것 같다.

여름도 아니요 가을도 아닌 이즈음, 그러고 보니 이제 추석도 한 10여 일 정도밖에 남지 않았다. 해마다 이맘때가 되면 나에겐 무엇보다도 먼저 선영에 벌초할 일이 걱정이다. 벌초날 잡는 일, 연장 손질하는 일, 교통편 마련하는 일 등, 다행히 올해는 큰마음 먹고 예초기도 하나 장만했고 승용차도 생겨 벌초 길에 걱정을 크게 덜게 되었다.

선산은 원래 내가 사는 곳에서 그리 멀지 않은 곳에 있었는데, 지금부터 20년 전, 그곳에 공장이 들어서면서 하는 수 없이 공장 부지로 팔고, 그 대신 지금의 자리로 새로 마련해서 선영을 이장하게 된 것이다. 고향에 있을 때에는 가까운 친척들이 계셔서 벌초를 다 해주셨기에 걱정을 안 했는데, 멀리 타관으로 이장을 하고 보니 고향에서처럼 친척들의 도움도 끊어져 그 이후로는 내가 직접 벌초를 해 왔다. 그러다 보니 현지까지 가는 교통편, 적절한 날짜 잡기, 벌초에 필요한 연장 준비 등 이런저런 여건들을 갖추기가 퍽 부담스러웠다.

나는 본래 3대 독자에다 하나 있는 자식마저도 늦게 두어 집안일은 늘 나 혼자, 때로는 아내와 둘이서 감당하는 수밖에 없었다.

지금 선산에는 증조부모님, 조부모님, 부모님 각기 내외분의 세 합분 묘가 있다. 증조부님은 두 분 다 내가 열다섯 살 되던 해까지 생존해 계셨는데, 불행하게도 조모님과 부모님은 일찍 돌아가셨고, 특히 조모님과 어머님께서는 내가 아주 어릴 때에 돌아가셔서 기억조차 없는 터라 늘 마음 한구석에 한으로 남아 있다.

이토록 나는 자손 귀한 집안의 장 증손으로 태어나서 어려서부터 귀여움을 받으며 4대가 한집안에서 사는 대가족 속에서 자랐기에 지금까지 이 어른들의 생전의 모습이 뇌리에서 지워지지 않는다. 근래에 와서는 혼인 연령이 늦어서인지 증조부모님은커녕 조부모님도 다 크도록 뵈면서 한집에 사는 경우가 드물다. 거기에 비하면 나는 보기 드문 복을 타고 난 셈이다.

선영이 멀리 있고, 또 나 자신이 공직에 있다 보니 자주 가지 못하고 벌초와 추석, 설 때 그러니까 1년에 세 번밖에 다녀올 수 없어 늘 아쉬운 마음이다. 갈 적마다 이 어른들의 생전의 모습이 생생하게 떠올라 마치 어린 시절 고향집에 온 느낌이며 여러 가지 감회에 젖어들곤 한다. 그러나 함께 간 아내와 자식 놈은 그저 덤덤한 표정이다. 나는 때때로 한학에 조예가 깊으시고, 의원(한약국)을 하시어 그 높은 덕망으로 근동에서 존경을 받으시던 증조부님, 구한말에 왕실로부터 참봉 벼슬을 받으셨던 조부님에 대한 얘기를 자랑삼아 들려주어도, 여러 번 들어서인지 별로 반응이 없다. 이 세상 누구보다도 자랑스럽고 존경스러웠던 증조부님과 조부님은 지금도 내 마음속에 살아 계신 듯, 그 자애로우신 생전의 모습을 녹화 화면처럼 떠올려 보곤 한다. 그러나 아내와 자식 놈은 이 어른들을 직접 뵈면서 함께 살아본 적이 없으니 애틋한 정을 느낄 수 있겠는가?

올 벌초는 예초기 덕으로 쉽게 했고, 승용차가 있어서 편리하게 다녀올 수 있었다. 해마다 이렇게 되풀이되는 벌초도 이제 내가 더 늙어 기력이 쇠잔해지거나 병들어 거동이 불가능하게 되면 자식 놈이 과연 제대로 할 것인지? 또 내가 죽어 이 선산 어느 자리에 묻혀 있을 때 내 무덤에도 때맞춰 말끔히 벌초가 되어 있을는지? 나도 이제 노령기에 든 탓일까? 올해 따라 왠지 이런저런 상념에 젖어든다.

한정된 국토에 해마다 묘지로 잠식되는 면적이 늘어나 정부에서는 불원 묘지법을 만들어서 화장이나 납골당 안치를 장려하고 개인 묘지의 면적도 대폭 축소 제한한다는 안이 요즘 와서 표면화되고 있다. 결국은 그렇게 실행할 수밖에 없는 현실임을 감안할 때 이제 우리의 전통 장묘 풍습도 시대 상황에 따라 더 이상 유지되기가 어려운 운명이 닥친 것 같다. 세계 어느 민족보다도 효심이 강하고 조상 섬기는 일도 대를 이어서 실천해온 우리가 아니었는가? 그러나 이 전통도 차차 변질되고 약화되어 가고 있음을 실감하면서 산다.

《명심보감》에 "미귀삼척토未歸三尺土 난보백년신難保百年身 이귀삼척토已歸三尺土 난보백년분難保百年墳"이라는 글귀가 있다 "사람이 태어나 아무 탈 없이 백 년을 살기가 어렵고, 흙으로 돌아가서도 그 묘를 보전하는 데 백 년을 다하기가 어렵다."는 깊은 뜻이 담겨 있는 이 글귀가 이번 벌초를 다녀오면서 유독 떠오르는 것은 또 무슨 까닭일까?

내 남은 삶 속에서 예기치 못할 변고라도 생길까 두려워서일까? 내가 죽어서 유택 하나 없이 허공에 떠도는 고혼이 될까 봐서일까?

다 부질없는 잡념이거늘 한 세상 태어나서 주어진 운명대로 부끄럼 없이 열심히 살다 가면 그만이지. 죽은 후에 무덤이 있건 없건 죽은 자가 무엇을 알랴.

이렇게 안위하면서도 도톰한 봉분 위에 파란 잔디 덮은 포근하고 정겨운 산소가 앞으로 이 땅에서 점점 사라져갈 것을 생각하니 그 아쉬움이 내내 가시지 않는다.

《교평문학》 1998. 4월.

난蘭 관찰기

전보 발령을 받게 되자 몇 친구들과 제자들이 축하의 뜻으로 난 화분을 보내왔다. 그래서 내 방에는 동양란 화분 두 개와 서양란 화분 두 개가 있다. 그런데 요즘 이 두 종의 화분에서 각기 하나씩 꽃이 활짝 피어 서양란의 화려함과 동양란의 그윽한 향취가 어울려 나 혼자 보기엔 아까운 마음이다.

나는 꽃은 좋아하지만 내가 직접 가꾸는 취미는 없다. 따라서 꽃에 대한 상식이나 가꾸는 솜씨는 더욱 없다. 요즘은 난을 가꾸는 취미를 가진 사람이 많고 따라서 난의 보급도 많아져서 어디서나 난을 흔히 볼 수 있기에 퍽 친숙한 화초가 되었다. 지금 내 방에 있는 난들은 온 지 1년 좀 넘었는데, 양란은 처음부터 꽃이 피어 있었고 동양란은 꽃이 없는 상태였다. 양란은 꽃이 오래 가기도 했지만, 다 지고 난 뒤에도 가늘고 긴 꽃대와 화분 위에 납작하게 깔린 잎새만 남아 볼품없는 모습으로 얼마간 지나자 묵은 꽃대에서 다시 꽃망울이 나와 요즘 두 번째 꽃을 피웠다.

그런데 동양란은 올 적부터 내내 그 모양으로 좀처럼 꽃필 징조가 나타나지 않아 내가 제대로 가꿀 줄을 몰라 그렇거니 하고 그냥 무관심 속에 내버려두었다. 난은 물을 자주 주어서는 안 된다는 말을 들은 적은 있으나 화분에 물기가 전혀 없는 데도 시드는 법이 없는 것은 아무래도 신기했다. 궁금해서 화분 속을 비집어 보니 흙이 전혀 담겨져 있지 않았다. 동양란 화분에는 가볍고 작은 강낭콩만 한 인조석 같은 돌들로, 그리고 양란 화분 속에는 작은 나무껍질 조각으로 채워져 있었다. 식물의 뿌리는 흙 속에 내려 그 속에 있는 수분과 양분을 섭취하며 산다는 것이 보통 상식인데, 난들은 이런 상식을 뛰어넘는 특이한 생존을 하고 있으니 참 희한한 식물이다. 물은 자주 주어서는 안 된다지만 난들의 이런 메마른 삶이 보기에 안쓰러워서 나는 수시로 물을 주었다. 그런데도 난의 생존에는 별 이상 없이 늘 제 모습을 유지하고 있었다. 그런 속에서도 서양란은 두 번째 꽃을 피워 그 화려한 색채로 나를 기쁘게 해주거늘, 동양란은 언제 꽃이 피려는지 그 모양도 내 눈에는 논의 모포기처럼 보여 화분이 주는 분위기를 느낄 수가 없었다.

그런데 이게 웬일인가! 어느 날 아침 출근해 보니 한 개의 동양란 화분에서 이변이 일어난 것이다. 엷은 연두색의 가늘고 연한 꽃대 두 개가 나약한 모습으로 솟아올라 있었다. 여느 꽃들의 꽃대처럼 잎새 틈에서 솟은 것도 아니고 잎새 옆에서 따로 솟아오른 것이다. 전날 퇴근할 때는 별다른 징조가 보이지 않았는데, 아무도 보지 않는 밤사이에 나를 깜짝 놀라게 해주려는 듯, 이렇게 몰래 솟아나 내 가슴을 설레게 하지 않는가. 이런 난에게 무관심했음은 물론, 곧게 솟아오르며 마치 컴퍼스로 그린 것처럼 말끔하게 휘어진 그 단아한 잎새들의 모습을 논의 모포기 정도로 비하하며 괄시했던 내가 아니었던가. 새삼 난에 대한 애착을 갖게 되었다.

꽃대는 나날이 조금씩 자라면서 연두색의 꽃망울이 한 꽃대에서는 세 개, 다른 한 꽃대에서는 두 개가 생겼고 한 십여 일이 지나면서 맨 아래 꽃망울부터 꽃이 피기 시작하여 위로 올라오면서 이틀 만에 다 피었다. 꽃은 연두색의 좁은 원추형 꽃잎이 밖으로 세 갈래, 안으로 두 갈래로 서로 겹치지 않게 펼쳐졌으며 수줍은 듯 고개를 약간 떨궜다. 양란에 비해서 크고 화려한 색채는 아니지만 그 뿜어내는 향기만큼은 아주 고상하고 그윽했다. 온 방안을 가득 채운 이 난 향취에 젖어 있노라면, 옛 선비들이 묵화墨畵를 칠 때 매梅, 난蘭, 국菊, 죽竹을 사군자로 꼽아 그 군자다운 기품을 음미한 뜻을 알 듯싶다. 나는 처음 접해보는 이 동양란의 향취에 매료되어 그 방을 나가고 싶은 마음이 들지 않았다. 그러나 서양란은 색채가 화려하고 오래 가기는 하나 향기가 없으니 그것이 흠이다.

서양란의 꽃은 화려하게 차린 귀부인의 자태라면, 동양란의 꽃은 부덕을 잘 닦은 어질고 착한 양가 댁 규수와도 같은 수줍은 모습을 연상케 한다. 이 두 꽃을 보면서 서양의 발랄함과 진취성을, 동양의 은근함과 단아함을 보는 듯 동, 서양의 각기 다른 특성과 그 조화로움에 감탄하지 않을 수 없다.

《에세이 문학》 1998. 가을.

세일즈맨

교무실에 앉아 있노라면 심심찮게 장사꾼이 찾아든다. 월부 책, 만년필, 의류, 약품, 일용 잡화, 구두, 라켓, 안마기, 쑥뜸기 등 별의별 것을 다 가지고 온다. 이런 장사꾼들을 옛날 우리 토속 말로는 도붓장수 또는 행상으로 불렀는데, 요즘은 그것도 서양바람이 불어서인지 세일즈맨이라고 부르는 것 같다. 어쨌든 이 사람들 덕에 가만히 앉아서도 필요한 물건을 살 수 있는 편리한 세상이 된 것이다. 이 세일즈맨들과 물건을 흥정하다 보면 시장이나 백화점의 주인이나 점원과 흥정하는 것보다 훨씬 부드럽고 재미있으며 또 고자세적인 입장에서 흥정하게 되니 여러 모로 이점도 있다.

교실에서 아이들과 입씨름 하다 피곤한 모습으로 나온 선생님들도 이 세일즈맨이 교무실 한구석에 전을 펴고 있으면 자리에 앉아 쉬는 것도 잊고 사건 안 사건 몰려가서 이것저것 만져 보며 말을 건다. 순진하기만 한 선생님들도 이땐 어디서 그런 용기가 나는지 부르는 값의 반도 안 되는 값으로 깎아 버린다. 세일즈맨의 엄살과 선생님들의 억지 속에 그래도 원만히 흥정이 되어 적정선에서 팔고 사게 된다. 평소 체면만 차리고 앉아 있던 나도 이럴 땐 선생님들 편에 서서 제법 흥정을 부추겨 분위기를, 싸움은 말리고 흥정은 붙이는 쪽으로 유도하기도 한다. 그러다 보면 이 세일즈맨은 교무실의 좌상인 나에게 간단한 물픔 하나쯤 선사하고 가는 때도 있다.

이런 교무실의 세일즈 풍경이 따분하고 피로한 선생님들에게 한때나마 즐거움을 주기도 한다. 우리 교무실을 찾아오는 많은 세일즈맨들 중에 나뿐 아니라 모든 선생님들에게 아주 호감을 주는 한 사람 있다. 이 사람은 상이용사로서 의족을 하고 다니는데 물건도 주로 일용 잡화다. 라이터에서부터 카메라에 이르기까지 없는 게 없다. 어떤 때는 한 달에 한 번, 또 어떤 때는 두 달, 석 달 만에도 온다. 이 사람은 짜증을 내는 법이 없다. 물건이 모두 진짜이며 값 또한 싸고 그나마도 선생님들의 사정에 따라 외상도 허용한다. 언제 봐도 변함이 없고 명랑하고 친절해서 퍽 정감이 가는 사람이다. 그러기에 인기 있는 세일즈맨이 될 수밖에. 사실 이 사람은 내가 18년 전 이 학교에 평교사로 부임할 때부터 다녀서 지금은 퍽 친숙한 편이다. 그러면서도 아직 주소, 성명도 모르는 처지다. 그러나 무조건 좋은 사람이다.

그런데 그 많은 세일즈맨 중에서도 가장 인기 없는 게 월부 책장수다. 이 사람들은 너무도 끈질기게 달라붙어서 사람을 피곤하게 만든다. 사실 책이란 각자 필요에 따라 사게 마련인데 이건 자기가 선생들 머리 위에 올라앉아 지도하듯 한다. 이럴 때는 불쾌할 정도다. 그 다음은 정년퇴임한 분들이 가끔 들고 와서 호소하듯 파는 이름도 없는 두툼한 책들이다. 약한 마음에서, 동지적인 입장에서 한 번쯤은 마지못해 팔아주나 두 번째부터는 딱 질색이다.

그런데 지금도 생각할수록 괘씸스럽게 여겨지는 사건이 하나 있다. 어느 무더운 여름. 자리에 앉은 채 깜박 졸고 있는데 책상 앞에 누가 나타나서 "선생님!"하기에 놀라 눈을 떴다. 역시 월부 책장수였다. 그런데 이 사람 하는 말 "선생님 아직 계시군요. 교감 선생님 되셨네요. 축하합니다." 하고 꾸벅 절을 한다. 어리둥절해서 가만히 기억을 더듬어 살펴보니 정확히는 모르겠으나 한 10여 년 전쯤에 가르쳤던 제자였다. 그래서 손을 내밀어 악수하고 "그래 그동안 어떻게 지냈나?" 하고 물었더니 뭐 이것저것 많이 했노라는 요지의 얘기였다. 그런데 설마 옛 은사인 나에게까지 책을 사라는 말은 못하겠지 했는데 아니나 다를까 "선생님, 하나 들여놓으시지요. 선생님께서 들여놓으셔야 다른 선생님들도 사실 게 아닙니까." 라고 하며 넉살좋게 이것저것 견본을 내놓는다. 흘깃 보니 6

권 한 질, 12권 한 질 해서 여러 종류인데 최하가 6만 원이고 최고 15만 원짜리도 있었다. 그런데 이 녀석은 비싼 것만 권한다. 거절도 승낙도 할 수 없어 엉거주춤 하다가 하는 수 없이 약한 마음에서 승낙을 하고 책 제목이나 내용은 보지도 않고 제일 싼 것 6만 원짜리 6개월 할부로 계약을 했다. 그리고 나니 나른 몇 분 선생님도 내 체면을 봐서 팔아주는 눈치였다.

보내 놓고 생각하니 괘씸하기 이를 데 없다. 오랜만에 찾아온 제자 녀석이 옛 은사 앞에 나타나 쓴 커피 한 잔 권하지는 못할망정 그나마 박봉을 축내게 하고 가야만 되겠는가? 그것도 봉급날이면 제 녀석이 직접 와서 인사라도 하고 돈을 받아가는 것이 아니라 알지도 못할 녀석이 나타나서 카드를 내놓고 1만 원씩을 꼬박꼬박 받아가 더욱 불쾌했다. 월부가 끝난 후에도 찾아오기는커녕 편지 한 장이 없다. 물론 살기 위해서 그나마도 장사랍시고 하고 다니는 제자를 돕는다고 생각할 수도 있겠으나 동정을 주고받는 방법이 이래서야 되겠는가? 월부 책 장수로 나타나 선생님 보기 부끄러워 세일즈를 펼치지도 못하고 되돌아가는 모습을 보면 차라리 쫓아나가 용기를 주고 격려를 하고 또 나 자신은 물론 여러 선생님들에게도 권유하여 얼마든지 팔아 줄 수 있을 법도 하거늘, 이런 생각을 할 때마다 가끔 찾아오는 목발 상이군인 세일즈맨의 정다운 모습이 떠오르며 행여나 오늘이라도 물건 보따리를 걸머메고 이 찾아오지 않으려나 기다려진다.

《새교육》 1998. 1월

선생님의 유형

새 학년도의 첫 출발인 시업식이나 입학식에서는 전교생이 모인 앞에서 늘 보는 선생님들이지만 새삼 한 분 한 분 소개를 한다.

이때 학생들의 반응은 여러 가지다. 대략 네 가지 유형으로 간추려 본다. 어떤 선생님에게는 환호성과 함께 우레와 같은 박수를 그칠 줄 모르게 보내기도 하고, 또 어떤 선생님에게는 "에~"하는 야유의 소리를 보내기도 하고, 또 어떤 선생님에게는 전혀 아무런 반응이 없으며 또 어떤 선생님에게는 "우~"하는 소리를 내며 경계하는 반응을 나타낸다.

이렇게 한바탕 소개가 끝나고 나면 선생님의 낯빛도 제가끔 달라졌음을 볼 수가 있다. 학교가 떠나갈 듯이 환호성과 박수갈채를 받은 선생님의 낯빛은 불그스름하게 흥분된 얼굴이고, 그 밖의 반응을 얻은 선생님들의 낯빛은 어딘가 굳어 있고, 좀 과장된 표현이겠지만, "요놈들, 어디 두고 보자." 하는 앙심먹은 듯한 표정의 선생님도 있다.

나는 관리자의 입장에서 이 선생님들 한 분 한 분의 인품과 교사로서의 근무 태도를 마음속으로 분석해 본다. 첫 번째 유형인 우레와 같은 박수를 받은 선생님은 사실 관리자인 내가 볼 때에는 그다지 근무 점수가 높은 편은 아니다. 옷매무새라든지, 사무처리라든지, 학급 환경 관리라든지, 그렇게 만족스럽게 하는 분은 아니다. 두 번째 유형의 선생님은 매사에 탈이 많고 얼굴 펴는 날이 없는 분이다. 세 번째 유형의 선생님은 한마디로 빈틈없는 분이다. 네 번째 유형의 선생님은 그야말로 맹호출림 격의 선생님이다.

이쯤 되면 학생들의 반응과 내 분석이 어느 정도 일치되는 것 같다. 첫 번째 유형의 선생님은 소탈함과 순박함과 훈훈한 인정미로 학생들의 마음을 사로잡는 형이다. 두 번째 유형의 선생님은 남에게 베푸는 것은 없고 바라기만 하는 이기적인 데서 누구에게나 환심을 못 사는 형이다. 세 번째 유형의 선생님은 너무 철두철미하여 오히려 학생들에게 단절감을 주고 정을 못 느끼게 하는 형이다. 네 번째 유형의 선생님은 나약한 학생들에게 공포감을 주고 완력과 위협으로 군림하려는 데서 학생들로부터 경원되는 선생님이다.

어린 학생들뿐만 아니라 성인 사회에서도 역시 첫 번째 유형의 선생님 같은 인간상은 어디에서나 남에게 호감을 준다. 교육은 인간 대 인간의 만남이요, 마음을 감화시키는 데 그 근본이 있음에 역시 선생님은 첫 번째 유형과 같은 선생님이어야 할 것으로 여겨진다.

《문교행정》 1982. 8월호.

꽁초를 주우며

담배는 피우고 나면 꽁초는 반드시 재떨이나 아니면 버려야 할 곳에 불티가 남지 않게 잘 꺼서 버려야 함은 지극히 상식적인 일이다. 나는 담배는 피우지 않지만, 군대 훈련병 시절에 조교로부터 배운 꽁초 처리법을 지금도 잊지 않고 있다. 훈련장에는 재떨이나 휴지통 등 꽁초를 버릴 만한 곳이 없다. 청결과 질서를 엄격히 하는 군대에서 꽁초를 함부로 버린다는 것은 상상치도 못할 일이다. 그 꽁초 처리법이란? 꽁초의 껍질을 벗겨서 손으로 비벼 아주 작은 알갱이로 만들고 남은 담배는 찢거나 비벼서 땅바닥에 날리듯 분산시켜버리는 것이다. 이렇게 하면 그 많은 사람이 담배를 피웠지만 꽁초가 하나도 그대로 버려짐 없이 감쪽같이 처리되는 것이다. 군대를 거쳐 나온 사람들이라면 이 꽁초 처리법을 철저히 몸에 익혔을 것이거늘, 사회에 나와서 이렇게 하는 사람은 거의 없는 것 같다. 모든 사람이 다 같이 이용하는 도로는 그 자체가 재떨이나 같다. 주행 중에도 차창을 열고 도로에 꽁초를 던지고, 보행 중에도 길에다 버린다. 심지어는 끄지도 않은 채 연기가 피어오르는 것을 그대로 버리기도 한다. 또 빈 술병이나 음료수병에도 넣고 빈 접시나 밥그릇 뚜껑에도 버린다. 그 밖에도 화장실 변기에, 창틀 홈, 화분흙 위에도 버린다.

피울 때에는 그렇게 심취해 피우고 버릴 때에는 미련 없이 무자비하게 버리는 것이다. 내가 담배를 피우지 않는다고 다른 사람 담배 피우는 것을 매도하고자 함은 절대 아니다. 담배를 기호품으로 사랑한다면 다 피우고 난 꽁초도 끝까지 보살피는 그런 마음이 있었으면 하는 것이다. 차 마시는 데도 다례 법이 있듯이 담배 피우는 데도 그 나름대로 예법이 있음직하다. 예를 갖추어 피우면 얼마나 품위가 있고 멋이 있겠는가. 맥아더 장군의 파이프, 처칠 경의 시거를 문 모습은 멋이 있어 보인다. 담배 한 대를 피우면서도 멋을 창출하는 그 태도는 담배를 단순한 기호품으로 여기지 않는, 그 이상의 어떤 높은 가치를 부여하며 피우는 것이 아닌가 싶다.

요즈음 청소년들의 흡연 인구가 늘어난다고 우려를 하고 있다. 여중생 흡연 인구도 만만치 않다니 더욱 놀라울 일이다. 학생들이 수업시간에 다 들어간 후 실내 각층 복도, 계단, 화장실 그리고 실외 이곳저곳을 순회하다 보면 구석진 곳에는 어김없이 담배꽁초들이 몇 개씩 버려져 있다. 흡연이 교칙으로 금지되어 있음을 알면서도 선생님들의 눈을 피해 구석진 곳에서 몇 학생들이 모여서 순식간에 피우고 도망치듯 내빼야 하니 언제 꽁초를 말끔히 없애고 갈 사이가 있겠는가. 나는 꽁초를 주우며 이들에 대한 연민을 느낀다. 죄책감을 가지면서도 남의 눈을 피해가며 꼭 이렇게 피워야 하는 것인지…, 좀 기다렸다가 어른이 된 다음에 마음놓고 피우면 안 되는 것인지…, 들킬까 봐 마음 졸이며 숨어서 피우는 그 담배의 맛은 각별한지는 모를 일이나 이런 모습으로 입문하는 장내 흡연가들에게서 품위 있고 멋있는 흡연의 태도가 나올 것인지가 의심스럽다. 김소운 선생은 그의 수필 〈愛煙散筆〉에서 '담배는 전자계산기로도 찾아낼 수 없는 불가사의의 마력이 있다.' 고 했다. 그러나 담배를 전혀 모르는 사람들에게는 맥아더 장군이나 처칠 경에게서처럼 담배에 대한 매력은 느껴도 마력으로까지 느끼지는 못한다. 비록 마력에 사로잡혔다 할지라도 담배만이 갖는 멋을 하나의 도道로서 나타내면 얼마나 좋을까 하는 마음이다.

가끔 처음 대하는 분과 통성명을 하고 난 후 그분으로부터 담배 권유를 받는 때가 있다. 내가 담배를 못 피우니 겸손히 사양을 할 수밖에, 그러다 보면 그분도 나를 위해 담배를 피우지 않는다. 이럴 때 나는 여간 송구스러운 게 아니다. 이런 분은 얼른 느끼기에도 담배에 대한 예를 잘 지킴은 물론 내

기준에 맞는 멋있는 애연가일 것이다. 또 어떤 이는 주머니에 휴대용 재떨이를 넣고 다니며 자기가 피운 담배는 반드시 그 재떨이에 처리하는 것이다. 이런 애연가들만 있다면 왜 담배를 질시하랴. 술도 주도 따라 잘 마시면 약주藥酒라 했다. 담배도 멋있게 잘 피우면 약초藥草가 될 수도 있을 것이다.

요즈음은 담배가 주는 신체 건강의 해독이 크다 하여 사람들이 많이 모이는 공공장소에서는 담배를 함부로 피울 수 없게 되어 있어 흡연가들이 노골적인 괄시를 받는다. 불만이야 있겠지만, 워낙 대세가 그러니 수세에 몰리는 수밖에 없다. 지금은 흡연 인구도 많아졌고 담배를 때와 장소를 가리지 않고 피워대니 배척을 받는 것도 자업자득이 아닌가 한다. 점잖은 어르신이나 피우는 고급 기호품 정도로 여겨졌던 담배가 이젠 혐오 대상의 기호품으로 확실히 전락한 것이다. 그래서인지 어른 층에서는 절연하는 사람이 늘어가는 추세라 한다.

호기심 많은 우리의 청소년들, 담배로의 입문은 좀 더 신중히 생각해 주기를 바라는 마음이다.

이후부터는 더 이상 교내에서 꽁초를 주울 필요가 없어졌으면 하는데 여전히 꽁초는 눈에 띈다.

시계값

지난여름, 온종일 비를 맞아가며 산행을 하고 돌아와 보니 손목에 찼던 시계에 물이 들어갔는지 시계 유리 속에 뿌옇게 김이 서려 있었다. 바로 시계방에 가서 수리를 했는데도 얼마 안 가서 또 멈춰 버렸다. 다시 시계방에 가서 시계를 내놓고 봐 달라고 하니까 이제 더 수리하느니 새로 사는 게 오히려 싸다는 것이다. 그래서 진열장의 시계를 들여다보니 싼 것은 5천 원짜리에서부터 비싼 것은 10만 원이 넘는 것도 있었는데 한 2만 원 정도면 실용적이고 모양도 괜찮은 것이 있었지만 왠지 2만 원 쓰는 것이 아까운 생각이 들어 망설이다가 결국 포기하고 말았다. 그리고 여름이 다 가고 가을이 되었는데도 아직 시계가 없이 지내고 있다.

늘 차고 다니던 시계가 없으니 여간 아쉬운 게 아니다. 하기야 요즘은 워낙 흔해서 어디서나 쉽게 시계를 볼 수 있으니 시간 몰라 불편한 것은 없지만 있다가 없으니 허전한 마음이 든다. 문제는 돈이 없어 시계를 못 사는 게 아니라 시계값으로 2만 원 쓴다는 것을 아깝게 여기는 그 마음에 있다. 그런데 이상한 것은 이와는 다른 일면이 있다는 사실이다.

나는 담배는 피우지 않지만 술은 좀 마시는 편이다. 술친구를 만나거나 손님을 접대하게 되면 술을 마시게 되는데 그 술값도 마시다 보면 결코 싼 게 아니다. 그렇지만 술값을 지불하는 데는 2만 원짜리 시계를 못 살 정도로 아까워하는 마음이 없는 것이다. 그뿐인가. 술은 현금을 주고도 마시지만 외상을 달아 놓으면서까지 마신다. 술값이 아까우면 그렇게 현금이고 외상이고 마다않고 마실 리가 없다. 그렇다고 술값을 깎는 법도 없다. 남자들의 넥타이도 그렇다. 양복을 일상적으로 입는 사람들에게는 넥타이도 필수품이다. 넥타이 한 개 값이라는 게 비싼 고급품까지 바라볼 것은 없다 하더라도 보통 맬 만한 것 2만 원 정도면 충분한데 그 넥타이 사는 돈이 아까운 것이다. 다방에 가서 마시는 커피값도 푼돈으로 여기는 경향이 있다. 몇이서 어울려 다방에 앉아 차를 마시다가 나갈 때는 지갑을 빼들고 서로 앞질러 달려 나간다. 그러다 한 발 앞서 나간 사람이 있으면 뒷사람이 앞사람의 덜미를 잡아 제치면서까지 찻값을 내는 경쟁을 벌인다. 예를 들어 일행이 마신 차가 10잔이라면 이 찻값이 요즘 돈으로 만 7~8천 원은

된다. 이 돈이면 수수한 넥타이 하나쯤 살 수 있다.

그런데 왜 남과 어울려 먹고 마시는 데 쓰는 돈은 아깝지 않게 여기며 내 몸에 필요한 물건을 사는 데는 얼마 안 되는 돈이지만 인색한가. 그렇다고 모든 사람이 다 이와 같지는 않을 것이다. 이와는 반대로 필요한 물건을 잘 선별해서 그것도 최대한 깎아서까지 사는 알뜰형인 사람을 보면서 나는 가끔 나 자신의 실속 없는 짓에 대해서 자책을 해 본다. 자린고비가 밥 먹을 때 굴비를 달아매 놓고 쳐다만 보며 먹는 기분만 내고, 짚신을 남 보는 데 서는 신고 서 있다가 남들이 안 보는 데서는 벗어 메고 맨발로 걸어갔다는 과장된 절약형의 사람을 풍자한 얘기도 있지만, 그렇게까지는 할 수 없더라도 실속 없는 데 아깝지 않게 써 가며 막상 써야 할 것에는 인색해서야 되겠는가 하는 것이다.

나는 아직도 우리나라 국토 밖에는 어떠한 목적으로도 한 번도 나가보질 못했다. 기회도 없었고 또 그럴 만한 여건도 아직 갖추지 못한 탓이었다. 한동안 일본 사람들이 외국을 휩쓸고 다니면서 기생 관광이요, 현지처요 하면서 여러 나라 사람들로부터 빈축을 사더니만 요즘은 우리나라도 해외여행이 자유화됨에 따라 동남아, 일본, 구미 각국으로 여행을 많이 나간다. 그 결과 싹쓸이 관광이라는 빈축까지 사고 있으니 부끄러운 일이다. 물건만 그렇게 샀으랴, 먹고 마시고 즐기는 일 또한 결코 이에 못지않았을 것이다. 어찌 생각하면 해외여행 한 번 못한 것이 나에게는 오히려 잘된 일인지도 모를 일이다.

2만 원짜리 시계 하나 돈이 아까워 안 사면서 술은 외상을 져 가면서까지 마시는 내가 해외 나들이에서 과연 알뜰 관광을 할 수 있을 것인지…

외상이라면 소도 잡아먹는다는 말이 다른 나라에서도 있는지는 모르겠으나 나중에야 어찌되건 우선 먹고 쓰고 보자는 심리가 우리의 만족성은 아닐까 하는 생각에 입맛이 쓰다. 그렇다면 좀 지나친 감은 있지만 자린고비의 굴비나 짚신 이야기는 음미해 볼 필요가 있지 않은가.

(1990)

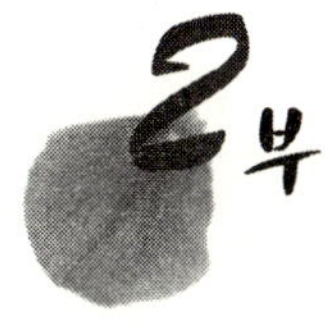
2부

속담 속의 과학

속담은 우리네 대화 속에서 자주 활용된다. 때로는, 오래 묵은 체증을 뚫어 주는 듯한 명약 구실도 하고 때로는 각박한 언어생활 속에 한 아름 웃음을 안겨다 주기도 한다. 그리고 그 짤막한 구절 속엔 깊은 진리가 담겨져 있는 것도 있고, 과학의 원리가 숨어 있는 것도 있다.

흔히 들을 수 있는 우리나라 속담 가운데 "뒷간(변소)과 사돈집은 멀어야 한다."는 것이 있다. 얼핏 들으면 멀기는커녕 오히려 가까이 있어야 할 것 같은데 구태여 멀리 있어야 한다는 데는 각별한 뜻이 있을 것이다. 음미해 보면, 뒷간은 인체 내에서 만들어지는 불결한 물질을 배설하는 곳이기 때문에 요즘같이 수세식 변소가 아닌 옛날에는 차라리 멀리 떨어져 있는 것이 위생적으로 보아도 당연했을 것이다. 그러기에 이 속담의 핵심은 뒷간보다도 사돈집에 있고 사돈집을 억지로 멀리하기 위해 뒷간에 비유해서 합리화시킨 것이 아닌가 한다. 그렇다면, 그렇게 멀리 떨어져 있지 않아도 될 사돈집은 왜 구태여 멀리 두어야 하겠다는 것일까? 오늘날을 살고 있는 우리네의 사고와는 좀 거리가 있는 것 같다. 평소에는 친분이 두텁고 무관한 사이라도 일단 자녀들 간에 혼사가 이루어져 사돈지간이 되고 보면 그날로부터 두 집 사이에는 보이지 않는 막이 생겨 묘한 감정 속에서 자연 어색해지기 쉽다. 이런 면은 오히려 옛날 사람이 더 했을 것으로 본다.

혼인 풍습도 옛날과 많이 달라졌으나 여자가 남자 쪽으로 간다는 데에는 예나 지금이나 변함이 없다. 요즘도 처녀들이 결혼하는 것을 시집간다고 표현한다. 이렇듯 여자들은 결혼과 함께 친가와는 거의 인연을 끊고 시가에 귀의하고 마는 것이다. 그러기에 아예 출가외인出嫁外人이라고 한다든지 죽어도 시집 문전에서 죽고, 그집 귀신이 되라고 하는 비정함도 그렇거니와, 꽃 같은 남의 집 처녀를 며느리로 맞는 시댁에서도 새 며느리에게 온후한 인정을 베푸는 것이 아니라 마치 철천지원수나 만난 것처럼 온갖 학대와 구박으로 한 여성의 청춘을 짓밟아 버리는 것이 거의 통례로 되어 있었다. 그러기에 신부로서 꿀맛 같아야 할 신혼 생활이 벙어리 삼 년, 장님 삼 년, 귀머거리 삼 년의 암흑 같은 시집살이를 해야 했다. 그런 속에서도 쫓겨나지 않는 것만 행복이라 여기고 살아야 했던 것이다. 아마 동서와 고금을 통해서 보아도 어느 국가 어느 사회에서도 이와 같은 혹독한 시집살이는 없었을 것이다. 새며느리를 데려다 이토록 고통과 비애를 주다 보니 그 주인공을 곱게 길러 바친 사돈댁이 이웃에 있어서야 그 양심이 편할 리 없을 게다. 그러니 차라리 양쪽 집이 서로 보이지 않고 들리지 않는 먼 곳에 떨어져 있는 것이 숫제 편할 것이기에 애당초부터 멀어야 좋다고 생각했을 것이다.

요즘은 유전공학이 발달하여 가축이나 작물들의 품종을 개량해 가고 있으며 유전자 복제까지 실행되는 단계에 와 있다. 인간이라고 예외가 아니다. 따라서 그런 구닥다리 속담에 귀를 기울일 것이 아니라 우생학적으로 좋은 배필을 만나는 것이 보다 현대인다운 혼인이 될 것이다 .

하긴 나도 별수 없었지만 요즘도 결혼할 때 배우자를 택하는 것을 보면 아직도 근시안적이다. 대개 이웃 부락 아니면 인접 군, 한껏 넓어 봐야 같은 도내에서 선택하게 된다. 사실 이웃 부락이나 인접 군 아니면 같은 도내라 하더라도 우리가 느끼고 있는 것처럼 주민들의 풍습이나 생활양식, 성품, 심지어는 말의 억양과 사투리까지 거의 같다. 그것은 우리나라의 대부분의 농어촌 부락이나 지방의 소도시들이 꽤 긴 역사를 지녔으며, 씨족 단위의 형태를 아직도 거의 그대로 유지하고 있다 보니 자연 그럴 수밖에 없을 것이다. 국토는 좁으면서도 지방별로 이런 특징은 너무도 현저하다. 여기서 좀 더 시야를

넓혀 배우자를 서로 다른 도에서 택하게 된다면 얼마든지 우수한 소질을 지닌 2세들이 탄생되리라고 생각된다.

아직도 우리 사회에는 인습에 젖어 지역과 지역 사이의 이해와 감정이 맞지 않아 서로 대립하고 비난하며 불신 풍토까지 조성되고 있지 않은가? 더욱이 가슴 아픈 일은 남과 북이 분단된 채 무서운 사상 대립으로 동족 간에 피를 흘려야 했다. 나는 앞에서 뒷간과 사돈집이 멀어야 한다는 속담 속에 과거 우리 조상들의 과히 자랑스럽지 못한 악습을 지적했지만, 그러한 의미에서가 아니라 유전적인 의미에서 서로 멀리 사돈을 맺음으로써 우리 민족을 우생하고 또 한편 서로 사돈이 됨으로 해서 지역 간의 미묘한 감정을 해소하고, 서로 자주 내왕하여 사돈 간의 거리도 좁혀 모두 한 가족이 되었으면 하는 마음이다. 사돈집이 진정 멀리 있어야 한다면, 지역감정 해소나 우생학적인 이유를 드는 것이 보다 현대인다울 것이다.

헬로! 초콜릿 기브미

지금 생각하면 너무도 부끄럽고 비참한 일이지만 6 · 25를 겪은 세대들에겐 평생을 두고 잊지 못할 서글프고 한스러운 과거지사가 있다. 미군이 지나가면 머리를 박박 깎은 남루한 옷차림의 아이들이 떼를 지어 따라가며 "헬로! 초콜릿 기브미. 췐검 기브미."를 애절하게 호소하며 손바닥을 벌렸다. 그러면 미군은 주머니를 뒤져 잡히는 대로 껌이건 드롭스건 초콜릿이건 아이들을 향해 던진다. 아이들은 순식간에 몰려들어 몸싸움을 하며 주워봤자 주운 아이들은 몇 되지도 않는다. 이 광경을 재미스럽다는 듯이 카메라로 찍는 미군도 있었다.

더 비참한 것은 '꿀꿀이죽' 이었다. 꿀꿀이죽이란, 미군 부대 식당에서 나오는 먹다 버린 음식물 찌꺼기를 가져다가 사카린을 적당히 넣고 끓여서 죽처럼 만든 재생 음식이었다. 그 당시 많은 난민들이 이 꿀꿀이죽으로 연명을 했었다. 또 미군 부대에서 나오는 쓰레기 하치장은 그야말로 노다지 구덩이였다. 호미나 괭이를 들고 망태기를 메고 가서 캐내고 캐내도 무엇인가 쓸만한 게 계속 나왔다. 그래서 미군 부대가 있는 곳에는 특별히 도시 계획이 없어도 자연스럽게 도시가 형성되고 사람들이 모여들어 풍성풍성했다. 부대 내 PX에서 유출되는 각종 물품들이 노점이건 가게건 현란하게 진열되어 활기를 띠었다. 그때는 우리나라의 시장 경제의 기초가 바로 이곳이 아니었나 싶다. 버스도 대부분 미군 GMC 트럭을 개조한 것이었다. 거기다가 미국을 비롯한 우방 여러 나라에서 보내 온 구제품까지 퍼진 것이다. 당시의 구제품은 교회나 고아원 같은 기관을 통해 많이 보급되었다. 나 또한 구제품 옷을 얻어 입었으며 학교에는 검정 물을 들인 미군 작업복에 군화를 신고 책가방은 방독면 가방을 구입해 메고 다녔다.

이처럼 6·25 당시 이 땅에는 우리의 것보다는 남의 것이 더 많았고 또 그것에 의존해서 살았다고 해도 과언이 아니었다. 그로부터 약 40년이 지난 지금 우리의 모습은 어떤가. 한마디로 거지가 부자가 된 것이다. 요즘 우리가 버리는 음식 찌꺼기만 연간 7조 원이나 되고 이 액수는 우리가 수입하는 농산물의 3배, 우리나라 예산의 4분의 1이나 된다고 한다. 30만 원짜리의 외제 팬티, 45만 원짜리 외제 반바지, 고급 외제 승용차, 가구, 골프장비 등 그 호화 사치품을 어찌 다 말하랴. 이젠 거리에도 폐품으로 내버린 물건들을 보면 소파, 장롱 등의 가구류나 냉장고, 세탁기, TV 등의 가전제품이 즐비하다. 겉보기에는 아직 쓸만한 것도 많은 것 같다. 청소차도 부피가 커서인지 좀처럼 실어갈 생각도 않는다. 빈 병이나 깡통은 너무도 많이 널려 있다. 이런 폐기물들로 점점 강토가 오염되고 금수강산이 썩어가고 있는 것이다.

옛날을 한번 돌이켜 생각해 보자. 도대체 내다 버릴 쓰레기가 어디 있는가. 혹시 무엇인가 내다 버렸어도 누가 가져갔는지 그 즉시 없어졌다. 미군부대 쓰레기장은 자원의 보고요, 식당의 음식찌꺼기는 영양의 보고였다. 외국 구제품 옷, 미군 작업복, 파카, 시보리 점퍼, 그 얼마나 인기 있는 옷이었던가. 지금의 우리 상품도 쓸 만하고 입을 만하고 먹을 만하게 잘 만들어져 나온다. 외국에 수출도 한다. 더러는 외제만 못한 것도 있지만 보통 쓰는 데는 큰 문제가 없다. 그러나 값이 싸서 체면 유지에 지장이 되어 비싼 외제를 사서 허세와 허영으로라도 부자의 체면을 유지해야겠다면 이는 분명 나라 망칠 짓이다. 진정한 부자는 쓰지 않는다. 아니 못 쓰는 것이다. 피땀 흘려 어렵게 번 돈인데 이렇게 그 소중한 돈을 함부로 쓰겠는가. 그러나 졸부들은 그렇지 않다. 번 돈의 소중함을 모른다. 그러니까 마구 쓰는 것이다. 먹는 것에도, 집에도, 입는 것에도, 묘소에도, 자동차에도, 즐기는 곳에도, 어디에도 말이다. 남을 전혀 의식하지 않는다. 땅 투기요, 아파트 투기요,

증권 투기요, 각종 사기 행각으로 하루아침에 엄청난 돈을 벌고 그리고는 쓰고 싶은 대로 쓰고도 한탕 하면 또 엄청난 돈이 생기는 것이다.

사실 돈은 살기 위해 벌어야지 쓰기 위해 벌어서야 되겠는가. 외국에서는 몇 대로 이어가며 가업을 전수한다고 한다. 또 그것을 대단한 긍지로 알고 그 가업 전수를 위해 온 정성을 다한다고 하지 않는가. 이 가업 전수가 쓰기 위한 전수였다면 전수는커녕 망하고 말았을 것이다. 일확천금을 위한 돈벌이가 아니라 평생을 성실히 살아가기 위한 돈벌이여야 할 것이다. 40년 전 우리의 어린이들이 미군을 따라다니며 "헬로! 기브미 초콜릿"을 애절하게 외쳤던 그 시절도 이젠 아련히 역사 속에 묻혀버리는 모양이다.

사슴의 죽음

이솝 우화에 이런 이야기가 있다. 어느 날 사슴이 맑은 호숫가를 지나다가 잔잔하고 맑은 호수에 비친 자신의 전신을 보게 되었다. 사슴은 물속에 비친 자신의 모습을 난생처음 보면서 그 아름다움에 감탄을 금할 수가 없었다.

아름답게 뻗친 나뭇가지 모양의 뿔을 가진 짐승이 어디 또 있을까 하고 자기 도취에 빠져 한참 동안 넋을 잃고 자기 몸을 들여다보고 있었다. 그렇지만 그 멋있는 뿔에 비해 가늘고 긴 다리에 대해서는 유감스러웠다. 이러고 있는 중에 갑자기 사자가 나타난 것이다. 사슴은 정신없이 사자를 피해 뛰기 시작했다. 어디로 가는 줄도 모르게 얼마를 뛰다 보니 더 이상 뛸 수가 없었다. 사슴은 당황해서 왜 그런가 하고 살펴보니 나뭇가지처럼 뻗친 뿔이 칡넝쿨에 걸려서 도저히 빠져나올 수가 없었다. 결국 사슴은 사자의 밥이 되고 만 것이다.

사슴은 자신이 과소평가하던 다리는 오히려 사자를 피해 멀리 도망치는 데 제 몫을 다했지만, 그토록 예찬을 아끼지 않았던 뿔은 오히려 제 몸을 사자에게 잡혀 죽게 하는 데 결정적인 역할을 한 것이다.

이처럼 자신을 너무 과대평가하고 우월감에 사로잡혀 실속 없이 잘난 척하다가 신세를 망치는 사람을 흔히 볼 수 있다. 미인박명美人薄命이란 말도 있다. 미인은 타고난 미모로 인해서 오히려 본의 아니게 시련을 겪으며 비명에 죽거나 불행해진다는 뜻인데 왜 그래야 할까? 우리는 여기서 인생살이의 귀중한 교훈을 얻는다. 좀 탁월한 점을 지나치게 과시하고 이를 전횡할 때 오히려 남으로부터 시샘과 비난을 받고 또 도전을 받게 되어 끝내 그 탁월성이 제 기능을 못한 채 꺾이어 버리는 불행한 사태를 자초하게 되는 것이다. 자신에게 남보다 탁월한 점이 있다고 인정되면 오히려 자중하고 겸손해야 할 것이며 그런 속에서 그 탁월한 요소를 소중하게 키워나가는 지혜가 필요한 것이다.

옛날 할머니들이 귀엽고 잘생긴 어린 손자를 "녀석 못도 생겼다."라고 표현했다. 이 표현은 손자가 뉘 집 손자보다도 잘생겼다고 생각하면서도 행여 마귀의 시샘이라도 받을세라 역설적으로 표현하는 것이다. 그러니까 어렸을 때의 이름은 모두 천한 이름으로 불렀다. 개똥이, 바우, 돼지 등…. 이 역시 같은 의미에서 사려 깊은 표현이라 하겠다.

그런데 요즘은 어떤가? 소중한 것에 대한 보호의식은커녕 오히려 과대 노출시켜 미처 그 진가를 나타내 보기도 전에 시샘을 당하고 위협을 당해서 조기 소멸되는 경우도 흔히 본다. 기량이 좀 탁월한 선수가 나타나면 대회에 출전하기도 전에 금메달이 틀림없다고 입방정부터 떤다. 결과는 금메달은커녕 예선 탈락으로 초라한 퇴진을 하는 선수도 있다. 옛날 김웅용 어린이 생각이 난다. 이제 두세 살밖에 되지 않은 아이가 미분, 적분, 한문, 영어 등을 척척 해내어 우리나라에서도 곧 아인슈타인을 능가하는 대과학자가 나오리라고 떠들썩하지 않았던가. 그러나 지금은 그의 존재조차 알 길이 없다.

추수는 아직도 멀었는데 비가 때맞추어 적당히 잘 와서 모도 잘 심고 싱싱하게 자란다고 해서 벌써부터 올해는 대풍이라고 떠들고 신문마다 대서특필 했지만, 추수를 앞두고 어느 날 갑자기 쏟아진 호우와 우박으로 근래 없는 흉년으로 전락하는 사례도 말로만 전해 내려오는 얘기가 아닌 기억이 생생한 근래의 얘기다.

우리네 옛날 어른들은 매사에 호들갑이나 입방정을 떠는 것은 아주 금물이었다. 좋은 결실을 위해 그 가능성이 있는 것일수록 철저히 위장하고 보호하며 신중하고 정성스럽게 가꾸는 것이었다. 그에 비해 요즘은 PR시대라 해서 스스로 공개하고 선전에 열을 올린다. 그러다 보니 과잉 과대 선전도 서슴지 않는다. 이런 속에서 진짜는 없고 가짜가 판을 친다.

사슴이 죽은 이유, 귀엽고 잘생긴 어린 손자를 못생겼다고 돼지라고 이름 지어 불렀던 할머니의 마음을 다시 한 번 새겨본다.

《교육평론》 1995. 6월호.

TV 선생님

TV를 바보상자라고도 한다. 왜 그런지 특별히 관심을 가져 본 적은 없지만, 어쩌다 한가롭고 별로 할 일이 없을 때 심심해서 TV를 보다 보면 짜증스런 광고 방송이나 지난 줄거리도 잘 모르는 드라마 등, 별 재미도 없는데 그래도 꺼버리지 못하고 지속해서 보게 된다. 더욱이 코미디물을 보면 내 시각으로는 도저히 그 가치성을 느낄 수도 없거니와 비위가 상할 정도의 내용들도 있어 불평과 비난을 하면서도 여전히 보고 있는 것이다. 그렇다면 TV는 확실히 무엇인가 사람의 마음을 사로잡는 무슨 마력이라도 있는 게 아닌가. 어쩌다 화면에 비치는 관객들을 보면 대체로 20대 미만의 소녀층이 많은데 탤런트들의 연기에 매혹되어 배꼽이 빠질 정도로 웃고 즐기는 모습들이다. 그렇다면 내가 비정상이라는 것인가.

어쨌거나 나도 가끔 나도 모르게 TV에 빠져드는 때가 있다. 얼마나 보았는지 꽤 긴 시간을 정신없이 보고 나면 내 마음속에 어떤 감동을 받을 만한 것도 없고 아무것도 얻은 것도 없이 그저 시간만 허비하는 때가 있다. 그 시간에 차라리 유익한 책이라도 읽었으면 빈곤한 내 지식을 축적하는 데 도움이라도 되었을 것을 하며 후회도 한다. 그러면서도 이상한 것은 교양물보다는 오락물 쪽을 보게 되는 것이다.

이 땅에 TV가 본격적으로 보급되기 시작한 것은 1960년대 후반쯤이 아닌가 생각된다. 시골에서는 마을에 한두 집 정도 있어서 온 마을 사람들이 모여 그 진기한 상자 속의 영상을 보느라 주인집도 못 자게 밤늦은 시간까지 TV 앞에 모여 앉아 있는 광경을 흔히 보았다. 그 당시는 흑백 TV였지만, 1980년대 들어서면서 컬러 TV가 보급되어 지금은 시골이고 도회고 어느 집이나 화려한 색상으로 사람들의 시각을 즐겁게 해 주는 TV가 없는 집이 거의 없다. 그러기에 전 국민이 'TV스승' 으로부터 많은 것을 학습하고 있는 것이다. 학생들이 자신들이 다니는 학교 선생님 이름은 다 기억을 못하면서도 TV에 등장하는 탤런트, 가수, 코미디언, 개그맨의 이름은 놀라울 정도로 많이 알고 있고 혹시 거리에서나 또 다른 어느 곳에서라도 이들이 눈에 띄게 되면 몇 번이고 고개를 돌려 쳐다보고 그도 모자라 벌 떼처럼 달려들어 사인을 받느라 법석이다.

그뿐이랴. 머리 모양, 옷 모양, 말씨, 걸음걸이, 표정, 동작까지 따라 배워 즉시 실천에 옮긴다. 그야말로 학행일치學行一致다. 어떤 녀석은 학교 선생님한테 와서 TV 선생님한테 배운 것을 역질문을 한다.

"선생님! 2 더하기 2는 얼마인가요?" "이 녀석아, 그건 4지." "선생님, 틀렸어요. 이 더하기 이는 덧니예요."선생님이 가만히 생각하니 기발한 답이다. 이번엔 선생님이 문제를 낸다. "하늘을 보고 주먹질하는 게 뭐게?" "그런 게 어디 있어요?" "이놈아! 왜 없어, 잘 생각해 봐."학생은 그제야 알았다는 듯이 "그거 데모하는 것 아니에요. 선생님?" "아니야, 이놈아." "아니긴요. TV에 많이 나오잖아요." 끝까지 TV 선생님한테 보고 배운 것만 내세운다. 하기야 요즘 아이들 절구질하는 것을 보았을 리 없다. 이 얘기는 한 번 꾸며 본 얘기지만, 있을 법한 얘기다. 어쨌든 TV의 영향이 이토록 크다는 것을 실감하게 된다. 요즘 흔히 TV에서 볼 수 있는 난센스 퀴즈라는 것도 옛날 수수께끼와 비교해 볼 때 그 답이 그야말로 난센스다. 그러나 수수께끼는 이치에 맞고 사실에 근거한 답이다. 그런데 문제는 수수께끼 풀이는 거의 사라져 가고 그 단순한 말 작란에 불과한 난센스 퀴즈가 특히 청소년층에 크게 유행되고 있는 점이다. 우리는 TV를 통해 보고 듣고 단순히 웃고 즐기는 것으로 끝나지, 생각하고 판단하고 정리하는 기능은 거의 없는 것이다. 이래서 TV를 바보상자라 하는 게 아닌가 한다.

TV프로그램도 교양물보다는 오락이나 스포츠류가 많은 비중을 차지한다. 전 국민을 대상으로 편성하는 프로그램이니 시청률을 높이기 위해 자연 흥미 본위로 편성할 수밖에 없을 것이다. 어느 기관에서 조사한 결과를 보면, 우리나라 사람들의 TV 시청 시간은 하루 평균 6시간이라고 한다. 그렇다면 TV를 통해 하루 평균 6시간을 바보가 된다고 생각해 볼 때 내용의 선택 없이 맹목적으로 TV만 본다는 것은 매우 염려스러운 일이 아닐 수 없다. 훌륭한 선생님 밑에 훌륭한 제자가 나오는 법, 야단 안 치고 웃고 즐기고 재미스런 TV 선생님에게 너무 매료되지 말기를…

바보의 변명

재물과는 별로 인연이 없는 나에게도 조상님 덕으로 상속을 받았던 쓸모없는 땅이 3,000평이 있었는데 이 땅이 20여 년 전 어느 회사의 공장 부지로 팔리게 되어 뜻하지 않게 많은 돈을 만져 보는 행운을 가졌던 일이 있었다.

그때나 이때나 봉급이 고작인 줄로만 알고 사는 나에게는 벅차기만 한 돈인 데다 이로 인해서 공연한 잡념과 마음의 부담만 생겼다. 어떤 사람은 좀 빌려 달라, 어떤 사람은 동업을 하자, 어떤 사람은 땅을 사라, 집을 사라 등등 꽤 마음을 흔들어 놓았다. 그러나 어느 것 하나 마음 놓이는 것이 못 되어 하는 수 없이 은행에 예금을 해버렸다. 그러고 나니 복잡했던 마음도 씻은 듯이 가라앉고 차분한 마음으로 일에 열중할 수가 있었다. 그러면서도 안도감과 든든한 마음에서 가끔씩 한

가하면 암담했던 장래도 설계해 보는 여유를 가졌다. 설계라고 해봤자 현재 사는 집이 낡고 좁으니 어디 터 넓은 곳을 사서 집도 크게 짓고 정원도 가꾸며 살아보겠다는 정도였다. 그러나 직장 생활에 매이다 보니 언제 날이 가고 해가 바뀌는 줄도, 세상이 변하는 것도 모르고 살았던 것이다. 그러는 중에 남들이 땅을 산다, 아파트를 산다 해서 법석들이기에 돈은 있겠다 나도 이젠 무엇인가 사볼까 해서 돌아다녀 보니 은행에 맡겨진 내 돈은 결코 큰돈이 아니었다. 은행의 금리가 물가 상승을 따르지 못한 것이다.

그런가 하면 직장에서 나와 비슷한 형편으로 지내온 동료들 가운데 그동안 몇 차례 집을 팔고 사고 이사 다닌다는 소리를 들은 적이 있었는데 지금 사는 집을 보니 어느 사이 고급 주택을 소유하고 있지 않은가? 비로소 내 자신이 바보였다는 것을 알았다. 직장 업무에는 충실했으니 승진은 했을지 몰라도 인생살이에는 무능한 낙오자가 된 것이 아닌가?

우리 경제가 세계에서 유례를 찾아볼 수 없을 정도로 급속히 발전했고, 고속도로가 국토를 그물처럼 얽어 놓았고, 각종 산업 시설이 어디를 가나 웅장한 모습을 자랑하고, 도시고 농촌이고 이젠 별차 없이 문화 혜택을 받고 살아가는 이때 아직도 목욕실도 수세식 변소도 보일러도 없는 소위 불량 주택에서 살고 있다면 그것은 바로 나에게 문제가 있는 것이 아닐까? 그러나 올바른 사고력을 갖고 바르게 살아가는 사람이

대우를 받는 정의사회 구현이 바로 우리 국정의 지표이긴 하지만, 평생을 두고 못 이룰 것을 투기하고 법을 교묘히 어겨가며 일확천금을 하는 자들 때문에 묵묵히 직장에서 성실하게 일만 하고 보잘 것 없는 봉급 속에서도 푼푼이 저축하며 착실하게 살아가는 사람들이 바보가 되는 것이 또한 현실이다. 나 자신이 어린 학생들을 가르칠 때 바깥세상이야 어찌되거나 법과 질서를 잘 지키고 정의롭게 살아가라고 가르치지만, 호랑이가 제 새끼를 바위 밑으로 떨어뜨리고 물고 싸우는 교육을 시키는 그것과 비교할 때 과연 어느 편이 더 현실을 살아가는 데 실용적인가를 생각해 본다. 산다는 것은 곧 생존 경쟁의 연속인 바, 굳이 다윈의 적자생존의 이론을 믿지 않는다 하더라도 요즘을 사는 사람들은 어딜 가나 치열한 생존 경쟁을 실감하며 살고 있다. 유태인들은 자라나는 아이들에겐 고기를 잡아 주지 않고 잡는 방법을 가르쳐 준다고 한다. 이 얼마나 선견지명이 있는 교육방법인가? 지금은 국제경쟁 시대다. 우리 국민 모두 힘을 모아 3개를 생산했다면 이중 2개는 외국으로 팔아야 살 수 있다는 이 절박한 시대에 처해 있음을 생각할 때 가끔 바깥세상 돌아가는 것도 보아 가며 살아야 되지 않겠는가 싶다.

옛날 우리 선비들은 평생을 오로지 학문과 법도만을 위해 산 분들이다. 비가 와서 지붕이 새거나 소나기에 멍석의 벼가 쓸려 내려가도 아랑곳없이 책 읽는 데만 도취되었으니 그 집안의 가세는 뻔한 것 아닌가? 바로 그 선비의 모습이 현재 내 모습과 무엇이 다르랴.

(1985)

발가벗고 30리를 뛴 사연

어디 사람 '발가벗고 30리를 뛴다.' 라는 말은 흔히 듣는 말이다. 그렇다면 과연 어디 사는 사람들이 발가벗고 30리를 뛰는가? 이에 대해서는 설이 많다. 수원 사람이라고도 하고, 개성 사람이라고도 하고, 안성 사람이라고도 하는데 모두 다 경기도 사람들이다. 그런데 발가벗고 30리를 뛴다는 말 자체도 좋은 인상은 아니지만, 이 말은 단순한 해학이 아니라 부정적인 면으로 더 많이 쓰인다. 즉 지독히 이악스럽고 영악하여 인색한 사람이라는 뜻이다. 그렇다면 수원 개성 안성 사람들이 과연 그렇다는 것인가? 사실이 그렇다면 어떤 연유에서 그랬고 또 왜 발가벗고 30리를 뛰었는가 하는 데 의심이 가지 않을 수 없다. 나도 화성 태생이라 이 말에 대해서는 어린 시절부터 의문을 많이 품어왔다. 그러나 지금까지 이 말의 진원이나 이 말에 담긴 뜻이 과연 그런 부정적인 것인지에 대해서는 어느 문헌이나 야사에도 뚜렷하게 나타나 있는 것이 없다.

그렇다면 뚜렷한 근거도 없이 수원 개성 안성 사람들이 영악하고 인색하다는 비난을 받아야 할 것인가. 이 문제에 대해 나는 나름대로 구전과 추측을 총동원하고 현장 상황과도 결부하여 반증을 하고자 한다. 이 반증은 학문적 연구도 아니요, 또 그럴 만한 가치가 있을지도 의문이지만, 다만 경기도민으로서 또 화성 사람으로서 한 번쯤 생각해 봄 직한 흥미 있는 일일 것 같아 믿거나 말거나 하는 심정으로 설을 살펴보고자 한다.

조선시대 경기 3성三城 하면 개성, 화성, 안성을 꼽았다. 이 세 고장이 다 성城자 돌림이고 또 실제 성이 있으며 경기도에서도 유서 깊은 고도古都들이다. 그런데 이 말은 역사적 사실로 보아 위의 3성 중에서도 화성 수원과 더 깊은 관련이 있을 것으로 여겨진다.

화성은 이미 오래전에 수원시와 화성군으로 분리되었지만, 수원은 이 일대의 중심지다. 수원에서 남쪽으로 약 8km쯤 떨어진 화성군 태안읍 송산리 화산에 융릉과 건릉이 있다. 융릉은 조선조 제21대 영조대왕의 아들인 사도세자의 능이요, 건릉은 사도세자의 아들이자 제22대 임금인 정조대왕의 능이다.

사도세자에 대한 이야기는 그동안 TV 드라마나 라디오 연속극을 통해 너무도 잘 알려진 비극적인 사화이다. 후일에 영조대왕에 이어 세손인 정조가 등극하여 양주 땅에 묻혀 있던 아버지 사도세자를 이곳 화산에 천장하고 한 달에 한 번씩 참배를 하는 효심을 몸소 보였다. 그러기에 수원을 오늘날 효원孝苑의 도시라고 일컫는 것이다. 정조대왕은 아버지 사도세자의 묘소를 화산으로 옮기고 수원을 이 지역의 행정 중심의 새로운 도시를 조성하고 성곽을 쌓게 했다. 이 성곽은 아직도 남아서 아름다운 고도의 정취를 풍겨준다. 그런데 이 수원성을 쌓는 데 각 지방에서 많은 사람들이 동원되어 상당 기간 영내 생활을 하면서 부역을 했다 한다. 연일 감시 속에 힘든 작업을 하다 보니 자연 피곤하여 지칠 것이 뻔한 일이다. 그래서 집을 떠나올 때 가져온 비상금으로 몰래 감시망을 뚫고 빠져나와 무엇인가를 사 먹고 허기진 배를 채워야 했는데 그게 주로 떡이었다. 그 당시 수원 근교에 유명한 떡전 거리가 있었으니 그곳이 오늘날 수원 남쪽 약 6km 지점에 있는 경부선 철도와 1번 국도가 지나가는 병점이다.

병점이란 이름은 후에 개칭된 이름으로 떡 병餠 자, 가게 점店 자이고 보니 당시 떡집이 많았음이 분명하다. 그러나 부역자들이 떡을 사먹는 것도 낮에는 작업 때문에 불가능하고 밤에는 보초병의 감시 때문에 쉽지 않았다. 그래서 야음을 틈타 영내를 벗어나는 수밖에 없었을 것이다. 그 당시는 모두

흰 옷을 입었는지라 야간에는 특히 흰옷이 눈에 잘 띔으로 옷을 벗고 떡전 거리까지 뛰어가 떡을 사먹고 돌아간 것이다. 수원에서 떡전 거리까지는 왕복 30리는 되는 거리이다 보니 '수원 사람 발가벗고 30리를 뛴다.' 라는 말이 나왔음 직하다.

만약 이 말이 사실이라면 발가벗고 뛴 사람은 부역나온 사람들이지 꼭 수원 사람만도 아니었을 것이며 또 그 행위 자체가 이악스럽고 영악스럽기보다는 오히려 가련하기 짝이 없는 것이다.

비록 속설이긴 하지만, 우리 경기 지역에 더 좁게는 수원 지역과 관련이 있는 것으로 본다면 효원의 고장인 수원 화성 사람들의 명예를 위해서도 이 속설의 부정적인 면을 불식하고 그 옛날 수원성 축조에 얽힌 애처로운 사연이 담긴 민화로서 바르게 구전되어야 할 것으로 여겨진다.

《월간경기》 1980.

가짜 꿀

한때 가짜가 너무 유명했기에 아직도 사람들의 뇌리에 그 기억이 남아 있는 식품이 있다. 그 대표적인 것이 벌꿀이다. 꿀로 말할 것 같으면 모든 달콤한 맛의 대명사요, 남녀노소 그리고 고금을 통해서 너무도 사랑받는 천연산 고급 식품인 것이다. 그래서 "거참, 꿀맛 같다."라고만 표현한다면 단맛의 극치로 더 이상 어떻게 표현이 불가능한 것이다. 여름에 덥고 입맛 없을 때 시원한 얼음냉수에 타서 마시기도 하고 수삼을 꿀에 재서 먹기도 한다. 그렇게도 모든 사람들로부터 거부감 없이 사랑받기에 시샘을 해서 가짜 꿀이 탄생했는지도 모른다.

그런데 이 가짜 꿀은 당장 맛이나 빛깔을 보아서는 전문가 아니면 진짜인지 가짜인지 구별하기가 어렵다. 그러나 사 놓고 먹다 보면 틀림없이 그 가짜의 정체가 드러나게 마련이다. 가짜 꿀도 역시 그 계통의 전문 수법이 있을 것이니 어떻게 만드는지 자세히는 잘 모르겠지만, 어쨌든 가짜 꿀에 속아 보지 않은 사람은 별로 없을 것이다. 그러다 보니 벌꿀 하면 의심부터 할 정도로 가짜 꿀이 판을 쳤던 때가 있었다.

어수룩하고 순박한 농촌 출신 병사로 위장하고 됫병에 담은 노란 꿀 병을 들고 찾아와 전혀 가식 없는 말투로 "휴가 왔다가 귀대하면서 휴가비를 마련하라고 집에서 부모님이 양봉한 이 꿀을 한 병 주셔서 이렇게 염치불구하고 찾아왔습니다."라고 하며 내놓고 사정하면 대개는 의심의 여지가 없을 것 같아 사게 된다.

또 허름한 바지저고리 차림의 시골 아저씨가 꿀 병을 들고 와 "친척집에 찾아왔다가 도저히 집을 찾을 수 없어 그냥 돌아가야 하는데 노자가 떨어져 하는 수 없이 친척 어른들께 드리려고 가져왔던 이 꿀을 팔려고 하니 생각해 주십시오."라고 호소하면 의심치 않고 사주었다. 이런 식으로 도시의 깍쟁이 아저씨 아줌마들이 순박한 시골 출신 탈을 쓴 군인 또는 농사꾼 아저씨에게 감쪽같이 속아 가짜 꿀을 산 것이다. 이제 지내놓고 생각해 보면 한 편의 코미디 드라마를 보는 듯 실소를 금할 길 없다. 지금은 이런 식의 가짜 꿀 장수 행각을 찾아볼 수도 없고 또 그런 수법에 속을 사람도 없다. 유명식품업체에서 신용을 보증으로 확실한 꿀을 공정하게 판매하니 속이지도 속지도 않는다.

꿀은 누구나 상식적으로 아는 것처럼 벌이 활짝 핀 꽃에 앉아 꽃 속에 있는 꿀샘에서 꿀을 빨아 먹고 체내에서 여러 가지 화학적 반응을 일으켜 생산하여 벌들이 양식으로 저장하는 것인데 양봉의 경우 이 꿀을 기계적 방법으로 다량 채취해서 상품화시킨 것이다.

벌은 꿀을 만들기 위해 그 원료를 1차적으로 꽃에서 얻게 되는데 요즘 벌들은 꽃이 아닌 다른 데서 얻는 것을 보고 놀라지 않을 수 없다. 벌이 아닌 사람의 손에 의해 다른 원료로 은밀하게 제조된 것이 가짜 꿀이라면, 위의 경우는 분명 벌이 직접 만드는 가짜 꿀인 것이다. 내가 근무하고 있는 학교 구내에는 여러 종류의 꽃들이 거의 연중 피어 있는데 벌들이 꽃에 모여들기보다는 교내 요소요소에 놓여 있는 휴지통에 수없이 모여드는 모습을 본다. 이상하다 싶어 유심히 들여다보니 학생들이 사먹고 버린 빙과류, 유과류, 각종 청량음료 등의 포장지나 용기에 묻은 찌꺼기에 달라붙어 정신없이 빨아대는 것이다. 그 찌꺼기에는 당분이 있음을 쉽게 알 수 있다. 꿀벌의 지혜인가? 약삭빠른 속임수인가?

동물에게는 여러 가지 본능적인 행동이 있다. 그러나 꿀벌의 이 같은 행동은 본능으로 보기보다는 놀라운 지능으로 볼 수밖에 없을 것 같다. 꽃 속에 깊숙이 있는 미량의 당분을 얻으러 멀리 들이나 산으로 꽃을 찾아 힘겹게 날아갈 필요 없이 사람이 먹고 버린 휴지통 속에 크림 껍데기나 청량음료 컵에 묻은 그 당분이 먹기도 쉽고 또 당도도 높지 않은가. "옳지! 왜 이걸 진즉에 몰랐던가, 아이고 신난다." 아마도 이런 흥어리를 하면서 신나게 휴지통 속 과자 껍질에서 진짜 아닌 인스턴트성 원료를 얻어 갈 것이다.

그렇다면 우리가 요즘 모처럼 안심하고 진짜거니 하고 사 먹는 벌 꿀 중에는 이런 신종 가짜 꿀도 상당히 있지 않겠는가 하는 생각에 입맛이 쓰다. 요즘 우리가 슈퍼마켓에서 여러 식품류 중에는 인스턴트가 많아 천연산 식품에 향수를 느끼게 된다. 그런데 벌들마저도 스스로 인스턴트 식품을 만들고 있으니 참 어이없는 일이다.

(1989년)

빼앗긴 일요일

엿새를 일하고 하루를 마음 내키는 대로 쉬는 날이 일요일이다. 그런데 요즘에 와선 그 일요일이 내 일요일이 아니요, 쉬는 일요일이 아니요, 그야말로 빼앗긴 일요일이 되었다.

집으로 직장으로 또는 구전으로 날아드는 혼인 청첩장이 너무 많다. 거기다가 동창 친목회, 직장 단합회, 종친회 등 정말 짜증스러울 정도로 고달픈 일요일이다. 그렇다고 외면할 수도 없는 일이고 해서 가족 협의를 거쳐 가장인 나는 그 중에 서열이 1순위인 집을 택하고 그 다음은 마누라, 그 다음은 어머니, 이런 식으로 정하여 각기 시간에 맞춰 집을 나선다. 특히 요즘 일요일은 한 번도 거르는 일이 없고 그것도 모자라서 토요일 오후까지도 빼앗긴다. 더 심한 경우에는 공휴일까지도 이 일에 나서야 한다. 만나는 사람마다 다 앓는 소리를 한다. 나는 두 군데요, 나는 세 군데요 하며 탄식을 한다. 정말 공감이 가는 탄식이다. 예식장도 가는 데마다 하객으로 붐벼 마치 섣달그믐 날 서울역 대합실을 방불케 한다. 예식장도 이젠 대형화 추세여서 3, 4층짜리 전용 건물이 많다. 그런데도 30분 간격으로 해서 아침부터 오후가 되도록 이어진다. 이 집 하객인지 저 집 하객인지 구별하기도 어렵고 여간 정신 차리지 않으면 같은 건물 내에서도 내가 가야 할 식장을 찾기조차 힘들 뿐 아니라 그나마 축의금 봉투도 엉뚱한 집에 낼 우려도 있다. 한 번은 신부 이름만 보고 아래층 접수부에 축의금을 냈는데 알고 보니 진짜 내야 할 집은 2층 예식장이었다. 여자들 이름이 같은 이름이 많기에 이런 어처구니없는 실수를 하는 수도 있다.

결혼은 인생 일대의 대사 중의 대사이기에 성스럽고 경건하면서도 화기애애한 분위기에서 예식을 치러야 하거늘 차례를 기다리는 다음 예식에 쫓기는 것은 물론, 종업원들의 불친절과 냉대까지 받아 가며 허둥지둥 끝내기가 일쑤다.

결혼 예식 행사를 이렇게 혼잡한 가운데 쫓기듯 치러야 되겠는가? 여기에는 두 가지 요인이 있을 것 같다. 그 하나는 체면이요, 다른 하나는 냈으니 받아야 한다는 계산성이다. 이것이 겉으로는 우리 전통의 미풍양속이요 상부상조의 정신임에는 틀림없으나 본래의 정신과는 사뭇 다르게 변질이 되었다. 그리고 혼인날을 택일하는 것도 마을의 훈장님이나 고명

하신 어른에게 부탁해서 정해 주는 날을 길일吉日로 여기고 그날에 어김없이 혼례를 올렸다. 그런데 요즘은 무조건 일요일 아니면 토요일 오후로 택일을 한다. 그것도 예식장 형편에 따라 정해야 한다.

옛 어른들의 택일법이 오늘날의 현실로 볼 때 비현실적이라 하겠지만, 그렇다고 무조건 일요일 택일법이 옳다고 할 수도 없다. 옛날의 택일법은 그만큼 인륜대사를 중요시한 정성이요 엄숙한 신앙이었다.

진정 우리의 실정에 맞는 혼례식을 하려면 우리 모두가 공통으로 느끼고 있는 비합리적인 요소들을 과감하게 제거해야 할 것이다. 친족이나 아주 절친한 친지만이 참석하는 조촐하고 정겨운 결혼식도 시도해 볼 법하다. 또한 예식장도 전문 예식장이 아닌 야외나 공공시설을 이용하는 사회적 풍토 변화도 일어났으면 하는 바람이다.

《오산문화》 28호, 2002

길 가 3층 집

아파트가 요즈음처럼 그리 흔하지 않았던 시절에는 아파트에 들어가 보지도, 살아 보지도 못했지만 보기만 해도 그 닭장 같은 곳에서 어떻게 사는가 싶었다. 차라리 셋방을 살망정 대문이 있고 울타리가 있고 마당이라도 넓은 집에 사는 편이 나을 것 같은 생각이 들었다. 그러나 꼭 그래서가 아니라 지금은 살기에 편리하고 좋은 여러 형태의 아파트가 도시고 시골이고 많이 보급이 되었는데도 나에겐 아파트에 살 기회가 오질 않는다. 그렇다고 나는 지금, 내가 바라는 대문이 있고 울타리와 마당이 있는 집에서 사는 것도 아니다.

지금 내가 사는 집 주변은 한 10년 전까지만 해도 시가지권이긴 하지만 큰길에서 떨어져 연탄 손수레 하나 겨우 지나갈 정도의 좁은 길이 우리 집 대문 앞으로 나 있었고 집과 집

사이에는 작은 텃밭과 돼지우리가 있고 닭, 개들을 놓아먹일 정도의 한적한 농촌 마을 같은 곳이었다. 도시계획도면으로 보아서는 20m 도로가 우리 집 앞으로 나고 또 집 근처로 네거리도 몇 군데 있는 것으로 되어 있었다. 이 계획은 내가 들어와 살기 이전부터 금년에 시행된다 내년에 시행된다 하며 믿거나 말거나한 떠도는 소문에 불과했다. 그런데 어느 날 도시계획이 공고되고 이어 환지, 보상통지가 읍사무소로부터 날아들었다. 이쯤 되니 마을 사람들이 술렁대고 갑자기 큰 도시나 되는 것처럼 온 동네가 흥분된 분위기였다. 하기야 비만 조금 와도 장화를 신어야 했고 연탄아궁이에 건수가 괴어 물을 퍼내야 하는 동네였으니 얼마나 반가운 일인가.

그 당시 우리 집은 작고 낡았지만 집터는 꽤 넓었는데 상당 부분이 도로로 들어갔다. 그러나 대지가 도로에 인접하게 되었다는 이점이 있다 하여 보상도 받지 못하고 오히려 토지구획정리 청산금을 더 내야 했다. 그래도 다행한 것은 그나마 낡은 집이라도 철거되지 않아 집을 구해 이사하는 신세는 면하게 되어 다행이었다. 이어 측량이 시작되고 장비들이 들이닥쳐 연일 소음을 내며 집을 철거하고 도로 개설 작업이 본격적으로 진행되더니 역전에서 우리 집 앞으로 통과하는 20m 아스팔트 포장도로가 시원스럽게 난 것이다. 꿈인지 생시인지 정말 놀라울 일이다. 새로 난 길가에는 요행히 도로에 걸리지 않고 남아 있는 집들이 듬성듬성 초라한 모습으로 남아 있을 뿐, 황량한 벌판 같았다.

도로가 나고 구획정리가 되자 도롯가에는 3, 4층 빌딩들이 하루가 다르게 들어섰다. 이런 큰집들 틈에 낀 나의 작은 집은 점점 초라해 보이고 그나마 낡아서 비도 새고 더 이상 수리한다는 것은 수리비만 가중될 뿐 경제성도 없었다. 땅값이라도 받고 이사를 가든가 헐고 새로 짓든가 할 기로에 선 것이다. 그러나 양쪽 다 돈이 못 미쳐 진퇴양난이었다. 하는 수 없이 이사하는 쪽을 택해 아파트를 청약했으나 그나마 복이 없어 당첨에서 떨어지고 아무 대책 없이 고민에 싸여 있는 데 마침 건축업을 하는 제자가 나타났다. 큰길 가에 목이 좋은 터이니 상가 주거 복합형의 건물을 짓되 건축비는 미리 입주자들과 전세 계약을 하고 전세금을 받아 충당하면 충분하다는 것이다. 불안하긴 하지만 내가 돈이 없으니 그 방법을 택하는 수밖에 없었다. 그렇게 해서 무난히 건축을 한 것이 지금 내가 사는 3층 집이 된 것이다.

나는 큰집도, 아파트도 싫어했다. 조용한 곳에 넓은 마당 있는 집이 좋았다. 그러나 그것도 뜻대로만 되지는 않는가 보다. 내 의지가 약해서일까. 그래도 먼저 집은 작고 낡았지만 마당이 있어서 잔디밭도 조성하고 꽃과 나무도 가꾸며 개도 기르고 그런대로 사람 사는 집 같았는데, 그랬던 바로 그 자리가 흙 한 줌 만져볼 수 없는 삭막한 콘크리트바닥에 철근 시멘트로 굳혀진 집과 주변은 완전히 도심지가 된 것이다. 집 앞 도로에는 주야 불문하고 차량이 질주하고 보도 역시 수많은 사람들이 통행한다. 이 모든 움직임들이 어찌 조용하기만 하랴. 구급차들의 다급한 사이렌 소리, 폭주족들의 요란한 오토바이 소리, 행상 트럭들의 마이크 소리, 밤이면 취객들의 고성과 심심찮게 벌어지는 난투극, 또 언제 그랬는지도 모르게 계단까지 올라와서 토하고 실례까지 하고 가는 작태, 입주자들과의 대소 간의 시비 등… 이런 분위기의 연속이다.

나이 들면 그렇지 않아도 잠이 없다는데 밤새 켜 놓은 건물 벽에 붙은 입간판의 형광이 방으로 비쳐 방안의 등을 꺼도 밝기는 매한가지다. 이런 분위기 속에서 잠인들 제대로 자겠는가. 그래도 건강 해치지 않고 살아가는 것이 다행이다.

난 아직 한 번도 아파트에서 살아본 적은 없지만 어쩌다 기회가 있어 아파트에 사는 아는 사람 집에 방문해 보면 집 구조나 제반 시설이 사는 데는 편리하고 좋게 되어 있으나 밀집된 아파트의 구조 자체가 나에겐 정감이 들지 않는다. 성격 탓이겠지만 나는 주변이 다 콘크리트로 뒤덮인 밀집된 주거 환경에서 사는 것이 늘 불만이다. 도심지에 살면서 무슨 수로 계단을 오르내리지 않으며 대문 열고 들어가 꽃밭 있는 흙 마당 밟고 안방까지 가는 집에서 살 수 있으랴. 부지런하고 솜씨 있는 사람들은 슬래브 콘크리트 옥상에다 흙을 퍼 올려 잔디를 심고 화초와 나무도 가꿔 마당에 꾸민 정원 못지않게 해 놓고 사는 사람도 있다. 뜻을 가지고 노력만 하면 이렇게 얼마든지 환경을 바꿀 수도 있거늘 나에겐 그런 실천력도 없으면서 바라기만 하는가.

그래도 내가 사는 이곳은 하늘도 드높고 공기도 신선하며 집에서 얼마 안 나가면 드넓은 논이 펼쳐지고 과수 단지도 있어 철 따라 변화하는 들녘 풍경이라도 체감하며 살 수 있다는 것, 그것만으로도 만족하며 사는 것이다.

《에세이문학》 1999. 2월호.

도시락

학교에 다니던 시절, 도시락밥처럼 맛있던 밥이 어디 또 있었으랴. 세월이 흐르면서 변하는 것도 많지만 사소한 것이라서 세인들의 관심사가 못 되어서 일는지는 몰라도 가만히 살펴보면 도시락의 변화도 제법 화제로 삼아 볼 만도 할 것 같다.

요즈음 점심시간이 되면 학교의 교문 앞에는 전에 볼 수 없었던 진풍경이 벌어진다. 봉고 합승 차량에 플라스틱 제품으로 된 도시락 함이 여러 개 실려와 내려진다. 이 도시락 함 속에는 역시 플라스틱 제품으로 된 소형의 개별 도시락이 7~8개 들어 있는 것이다. 오전 4교시 수업이 끝나는 벨이 울리면 도시락 주인 학생들이 교문으로 몰려나와 자기 도시락을 하나씩 들고 교실로 들어간다. 또 한 경우는 냉장 차량으로 신고 와서 같은 방법으로 학생들에게 인계된다. 전자의 것은 일반 음식점이나 사사롭게 도시락 주문 배달만을 전문으로 하는 허가 없는 일반 가정 제품이요, 후자의 것은 도시락 전문업체로 허가를 받은 업소의 제품인 것이다.

지금까지는 학생들의 도시락은 집에서 어머니가 싸주시는 것이었는데 이제는 직장인도 아닌 학생들 사회에서도 주문 배달형의 도시락이 새롭게 등장한 것이다. 얼마나 편리한가. 옛날 도시락을 들고 다니던 불편했던 시절을 생각해 보자. 알루미늄 소재로 된 직사각형의 두툼한 모양의 것으로 안에는 한쪽 모서리에 놓도록 작은 반찬 담는 용기가 따로 있어서 밥과 반찬을 분리해 담았다. 젓가락은 밥 위에 대각선으로 가지런히 놓고 뚜껑을 덮은 다음 작은 보자기에 싸면 완성품이 되는 것이다. 이것을 책가방 한쪽에 넣고 와서 점심시간에 풀어놓고 뚜껑을 열고 보면 밥은 납작하게 눌리고 반찬의 간이 밥 위로 흘러 누렇게 염색이 되었고 우리 특유의 장 냄새가 풍긴다. 그래도 그 도시락의 밥맛은 그만이었다. 겨울이면 난로 위에 도시락을 층층이 쌓아 올려가며 데워 먹던 그 맛도 도시락만이 주는 별미였다. 하교하여 집에 갈 때에는 빈 도시락 속에 있는 찬 용기와 젓가락의 자유 운동으로 인한 덜거덕 소리는 그 자체가 행진곡을 방불케 했다.

그 후 도시락의 모형도 휴대하기 편리하게 바뀌어 책 모양으로 납작한 것이 나왔고 다음엔 보온 기능까지 가진 도시락이 나와 아침에 담았던 따뜻한 밥과 국이 점심때까지 그대로 유지되는 보온 도시락도 출현했다. 그런데 도시락은 집에서 싸서 준다는 데에, 들고 다닌다는 데에 부담과 불편함이 있었지만, 그 밖에도 도시락의 내용과 질에도 적지 않은 문제와 애환이 있었다. 쌀밥이냐, 보리밥이냐와 반찬도 고기와 계란이냐, 새우젓이나 고추장이냐에 따라 빈부의 차가 있었고 따라서 학생들의 사기에도 많은 영향을 끼쳤다. 또 한때는 식량 사정의 악화로 인하여 정책적으로 혼 · 분식을 강요당하던 시절이 있어서 선생님이 학생들 도시락을 직접 검사를 하기도 했다. 또 불시에 상위기관에서 나타나 도시락 검열을 하는 살벌한 분위기를 조성하기도 했다. 검사 결과 쌀이 기준 이상으로 많이 섞인 도시락이 적발되어 담임교사와 학교장이 문책을 받고 인사 조치된 사례도 있었다.

시대의 변화에 따라 그 시대 상황에 맞게 모든 생활양식이 바뀌는 것도 자연스런 현상이라 하겠다. 보리밥에 새우젓, 고추장 반찬 담은 4각의 알루미늄 도시락에서 쌀밥에 햄, 참치, 계란부침 반찬, 따스한 국까지 담은 보온도시락에 이르기까지 도시락의 형태와 담겨진 밥과 반찬의 내용 질도 바뀌어졌다. 그리고 이젠 같은 규격품의 주문 배달 도시락으로 바뀌는 것이다. 한편 학교에서는 국책에 따라 단체 급식을 위한 급식 시설을 갖추느라고 많은 예산 투자를 한다. 이미 시설을 완비하고 단체 급식을 실행하고 있는 학교들도 많다. 이러다 보면 도시락은 구시대의 유물로서 민속박물관에나 전시되어야 할는지도 모를 일이다.

아무튼 도시락은 어머니의 손에서 상인들의 손으로 넘겨진 것이다. 어머니의 손이 편해진 것은 좋은 일이나 아쉬움은 남는다. 도시락은 싸주는 손이나 들고 다니는 손이나 부담스럽고 불편한 것이지만 그보다도 싸주는 그 정성스런 마음과 정이 담긴 손길이 먹는 사람의 마음으로 이어지는데 깊은 뜻이 서려 있는 것이 아닌가 한다. 밥이 거칠어도 반찬이 부실해도 그 속에 담긴 정 하나로 온갖 맛을 다 내는 것이다. 그렇지만 그 정성과 맛의 보고인 어머니의 손끝에서 우러난 도시락의 맛은 점점 사라져간다.

한가족 간에도 하루 세 끼 한 식탁에서 같이 밥을 먹기가 어려운 것이다. 맞벌이 가정이 늘고 아이들의 교육 활동도 다양해서 한식구가 같은 시간에 만나기가 쉽지 않다. 이런 시대에 살면서 하루 세 때 어머니의 솜씨로 만든 음식을 어찌 기대하겠는가. 도시락 대신 점심 값을 주는 어머니를 아이들은 더 좋아한다. 어머니 또한 홀가분한 마음인 것 같다. 이것이 이 기능주의 시대에 맞는 정서가 아니겠는가. 여기에 비하면 구세대들은 신세대들에 비해 행복했음을 절실히 느낀다. 태어나서 모유를 먹고 그 후에는 내내 어머니의 정성이 담긴 음식을 먹으며 자라지 않았는가. 제왕절개로 태어나 우유를 먹고 거의 인스턴트식품을 먹으며 자란 요즈음 신세대들을 보면서 과연 그들의 가슴속에 형성된 어머니의 정은 어떤 것일는지…

(1999)

버스 옆좌석
멋없이 산 세상
만주와 나의 어린 시절
아들이 입대하던 날
한 마디 말이 모자라서
내 마음의 가을
빈 들녘길을 걸으며
별난 이름
조금만 더 양보하면
보신탕
어머니들의 기도

버스 옆좌석

버스를 탔을 때 다행히 빈 좌석이 있어서 앉아서 갈 경우에는 옆좌석에 누가 앉느냐에 은근히 신경이 쓰인다. 나도 그렇지만 대부분의 사람들은 빈 좌석이 여럿 있을 경우에는 우선 옆에 아무도 앉지 않은 좌석을 골라 앉는다. 그러나 차내의 좌석이 두 사람씩 다 앉고 한 사람이 앉아 있는 빈 옆좌석이 딱 한 곳밖에 남아 있지 않을 경우에는 이것저것 살필 겨를 없이 무조건 가서 앉고 본다. 그런데 그런 외짝 좌석이 여러 군데 있으면 선택에 갈등이 온다.

이럴 때 나는 마침 잘 아는 사람이 앉아 있으면 우선 그 자리를 택하고 그렇지 않을 경우는 가능하면 젊고 단정한 여인이 앉은 쪽을 택한다. 그렇다면 가장 같이 앉기 싫은 옆좌석 사람은 어떤 사람인가? 첫째 술 취한 사람이요, 둘째 행색이 남루한 사람이요, 셋째 불량하게 보이는 사람이요, 넷째 노인이요, 다섯째 어린아이를 데리고 있는 엄마요, 여섯째 지나치게 비만한 사람이요, 끝으로 전도사이다.

반대로 내가 먼저 앉아 있을 경우, 내 옆좌석에 와 앉을 사람에 대해서도 무심할 수가 없다. 그렇다고 앉을 손님을 내가 임의로 선별해서 앉힐 수도 없는 일이지만 나의 바람은 앞에 열거한 경우와 같다. 그러나 이것은 나의 희망사항일 뿐, 내 희망대로 이뤄지는 경우는 드물고 오히려 역순으로 맞을 때가 더 많다.

평생 같이 살아가야 할 사람도 아니고 목적지까지 가는 동안 옆좌석에 잠시 같이 앉아 가야 할 사람인데 아무려면 어때서 이런 부질없는 생각을 하는가? 내가 생각해도 좀스럽다 여기면서도 '이왕이면 다홍치마' 라고 마음속으로나마 흡족한 상태에서 가면 그렇지 않은 경우보다야 낫지 않겠는가 하는 마음에서다.

한 번은 서울에 다녀오면서 고속버스를 탔다. 조금 일찍 탔기에 좌석이 많아서 볕이 따듯한 창가 쪽 자리를 골라 앉았다. 출발시간이 다가오면서 손님들이 몰려 타기 시작하더니 거의 좌석이 다 차고 유독 내 옆좌석만 비어 있었는데 출발 직전에 내가 기대하는 젊고 단정한 용모의 여성이 내 옆좌석에 앉게 되었다. 순간 나는 드물게 찾아온 이 행운에 흐뭇한 마음이었다. 그러나 마음뿐이지 가벼운 대화 한 마디 없이 창

밖만 내다보며 묵묵히 가야 했다. 상대편도 마찬가지였다. 얼마를 달리던 중 어느 간이정류장에서 손님 하나가 내렸는데 내 옆좌석 여인은 기다렸다는 듯이 즉시 그 빈 좌석으로 옮겨 앉지 않는가.

나비가 이 꽃 저 꽃 새 꿀을 찾아 고운 날갯짓을 하며 옮겨 다니는 모습은 아름답게나 보이지만 이 여인이 자리를 옮겨 가는 모습은 애인을 배신하고 달아나는 변심한 여인같이 보였다

'내가 어디가 어때서? 말끔히 정장도 하고 머리도 단정히 빗은 매너 있는 노신사인데……'

나는 이렇게 독백을 하면서 내내 불쾌한 마음을 지울 수 없었다.

정장의 단정한 노신사, 이 외형적 매너 하나로 상대편의 마음을 사로잡을 수 있다는 생각 자체가 자가당착이 아니었는지? 하긴 손님들이 차에 올라와서 빈 좌석들은 찾아 앉으면서 내 옆좌석만은 끝까지 피해가지 않았던가? 출발 직전에 탔던 그 여인은 마지막 남은 한 좌석이었기에 어쩔 수 없이 내 옆에 앉았으리라고 추리가 된다.

고기도 맑은 물보다는 탁한 물에 모여든다고 했다. 내 모습이 너무 맑은 물같이 느껴졌던가? 아니면 매력 없는 늙은이라서인가? 밥상에서도 맑은 장국보다는 텁텁하고 구수한 된장찌개에 숟갈이 더 많이 가듯, 사람의 인상이나 외모에서 풍

기는 분위기도 이런 이치가 작용되지 않나 싶다.

단정한 외모와 신사다운 매너도 중요하지만 마음으로부터 우러나는 악의 없는 다정다감한 말 한 마디 건넬 수 있는 그 내면적인 온기가 더 필요할 것 같다.

말 한 마디가 모라자서 버림을 받아야 했던 고속버스 안에서의 이 사연, 나를 다시 한 번 되돌아보게 해 준다

《수필실험》 2007. 창간호.

멋없이 산 세상

시골에 사는 나는 평소 지하철을 탈 기회가 거의 없다. 그러나 간혹 서울이고 인천이고 볼일이 있어 가게 되면 지하철을 타게 되는데, 콩나물시루처럼 만원만 아니면 지하철 타는 기분도 괜찮은 것 같다.

지팡이 하나에 의지하며 용케도 흔들리는 찻간을 오가며 구성진 하모니카 연주로 도움을 청하는 시각 장애인, 간단한 일용 잡화를 들고 나와 웅변조로 선전하는 장사꾼 등 예나 지금이나 변함없는 '3등 열차 내의 풍경' 을 보면서 학생 시절 기차 통학을 하던 때가 떠올라 새삼 정감을 느낀다. 그렇지만 전에 볼 수 없었던 새로운 풍경을 볼 때는 적잖이 충격을 받기도 한다.

어느 날 인천행 지하철을 탔을 때의 일이다. 출퇴근 시간이 아니어서인지 차내에는 승객이 많지도 적지도 않게 타고 있었다. 나는 출입구 바로 첫 자리에 앉아 있었는데, 차가 정차하자 승객 중에 어떤 젊은 남녀 한 쌍이 내 자리 옆 벽면 쪽으로 끼어들었다. 이들은 벽면에 기댄 채 처음부터 서로 부둥켜안고 볼을 비비고 입을 맞추며 이런 동작을 계속하는 것이다. 나는 민망스러워 바로 눈을 돌렸으나 간간이 옆눈으로 슬쩍 보아도 아랑곳하지 않는다. 근처 다른 승객들 눈에도 이들의 모습이 안 보일 리는 없겠는데, 뚫어지게 보는 사람도 없거니와 못마땅한 얼굴을 하는 사람도 없다. 모두 태연한 것을 보고 나는 더욱 놀라지 않을 수 없었다. 남의 일에 공연히 신경을 쓰는 내가 이상한 게 아닌가 하고 말이다. 분명 이곳은 단둘만이 있는 공간도 아니고 영화 촬영 현장도 아니거늘 어찌 저렇게도 대담할 수가 있을까? 옛날 같으면 감히 상상도 못할 일이었다. 승객들은 당연한 것으로 여겨 무감각한 것인지, 아니면 나와 같은 심정이지만 어찌할 방도가 없으니 그냥 묵인하는 것인지, 차라리 보지 않았다면 마음이 이렇게 불편하지는 않았을 것이다.

한편 젊은이들의 이런 남을 의식하지 않는 자연스런 사랑의 표현 장면을 보며 박수를 보내는 사람도 있을는지도 모를 일이다. 예전에야 한동네 살면서 처녀 총각이 서로 사랑의 감정이 싹터도 어디 마음놓고 떳떳하게 만날 수가 있었던가. 야음을 틈타 인적 없는 방죽 아래나 동네 어귀에 있는 물방앗간

뒷전 같은 은밀한 곳에서 마음 졸여 가며 만나야 했다. 그러다가 들키는 날이면 동네에 소문이 퍼지고 마치 큰 죄나 저지른 것처럼 지탄을 받아야 했다.

사실 남녀 간에 사랑처럼 아름다운 것이 세상에 또 어디 있겠는가. 이 시대에 익숙지 못한 고전적 사고방식을 지니고 사는 나 같은 사람들의 시각이 잘못일는지도 모르겠다. 서구 사회에서는 남녀 간의 자연스러운 포옹이나 입맞춤이 사회 통념임을 볼 때, 우리는 아직도 옛 시대에 머물러 있는 것이 아닌가 여겨진다.

우리는 일찍이 '남녀 7세 부동석' 의 윤리관을 철칙으로 알고 살아왔다. 그래도 때가 되면 배우자를 만나 결혼하고 자녀들을 생산했다. 오히려 개방된 지금보다도 더 조혼을 했고 다산을 했다. 지금같이 체계화된 성교육도 없었고 혼전 교제나 접촉도 없었다. 철저히 금지된 상황 속에서도 결과적으로 이루어질 것은 적절하게 다 이루어진 것이다. 지금은 이 땅에 '남녀 7세 부동석' 은 존재하지 않는다. 과거 성차별 의식에 기인되었던 각종 관례나 제도들도 없어지고 남녀 성차별적 교육방식도 평등하게 고쳐졌다. 이젠 우리 사회에도 올 것이 온 것 같다.

요즘 TV에 CF모델로 나오는 내 친구가 있다. 같이 짝져 나오는 할머니는 옛 우리의 전형적인 할머니 차림을 하고 드럼을 치며, 내 친구는 수염을 길게 기르고 바지 저고리 입은 할아버지 차림으로 마이클잭슨의 춤을 능숙하게 춘다. 이 CF가 예상 밖으로 인기가 있다 한다. 왜 그럴까? 늙은이들이 주책 부린다는 시각보다는 젊은이들의 것을 수용하고 이해하며 또 그대로 해 보여주고 있다는 데서 공감대가 형성되어서가 아닐까? 사업을 하고 있는 이 친구가 이런 돌출행동을 하는 것을 보고 나도 깜짝 놀라 직접 그 연유를 물어보았다. 처음 출연 교섭을 받았을 때는 거절하였으나 자녀들이 오히려 적극 권하더라는 것이다. 그래서 용기를 내어 출연을 하고도 당시엔 체통이 온통 무너져내리는 것 같아 자책도 했지만, 이젠 그런저런 감정을 다 벗어던지고 나니 오히려 더 생기가 나고 세상사가 다 긍정적으로 보이고 유쾌해지더라는 것이다.

가만히 생각해 보면 맹목적으로 지켜왔던 법도와 체면 차리기에 집중한 나머지 나도 모르게 위장된 탈을 쓰고 멋없이 세상을 살아왔음도 부인할 수 없다. 나는 아직도 집사람하고 어디 나들이를 가면서 손을 잡거나 팔짱을 끼어 본 적이 한 번 없다. 이런 나를 가끔씩 집사람이 핀잔을 한다. 그래도 난 아직 그럴 용기를 못 가진다. 남의 이목이 무엇인지, 그 가당치도 않은 체통이 무엇인지, 혼자 지켜봐야 누가 알아주는 것도 아닌데….

요즘 '묻지 마 관광' 이 유행이라 한다. 참 재미있는 표현이다. 옛날의 명화 〈로마의 휴일〉을 연상케 한다. 처음 보는 남녀들끼리 관광을 가서 서로 짝지어 하루 시한부로 흠뻑 사랑

놀음을 하고 미련 없이 헤어져 돌아오는 1일 로맨스 관광인 것이다. 아마 평생을 두고 써 온 위장의 탈이 너무도 거추장스럽고 한스러워서일까?

이젠 벗어버릴 것은 과감히 벗어버리고 사람답게 사는 멋을 내며 사는 세상이 나에게도 왔으면 싶다.

《에세이문학》 2000. 겨울호.

만주와 나의 어린 시절

낳아서 자란 곳을 고향이라고 한다. 그런데 나는 낳은 곳과 자란 곳이 다르니 고향이 둘인 셈이다. 좀 구체적으로 말하면 낳은 곳은 한국이요, 자란 곳은 중국이다. 그렇게 된 사연인즉, 아버지가 사업을 위해 먼저 중국에 가서 기반을 닦은 후에 어린 나를 데려갔기 때문이다. 그때를 유추해보면 일제 강점기인 1940년 즈음, 내 나이 4, 5세 정도로 여겨진다. 어린 나이여서인지 쉽게 중국말도 익히고 낯선 그곳 환경에 빨리 적응했다.

그 후 일제의 패망과 함께 8 · 15 해방이 되면서 국제정세의 변화에 따라 우리 가족은 집과 모든 가재도구들을 버리고 전재민의 신세가 되어 태어난 고향인 한국으로 돌아왔다.

그 당시 나는 초등학교 3학년이었지만 언어나 정서는 이미 중국아이나 다름이 없었다. 고향에 와서 학교에 편입학을 했을 때 한동안 나는 반 친구들로부터 '짱꼴라', '대국놈' 이라는 별명을 얻게 되었다.

그로부터 60년이나 흘러간 지난 2005년, 10월 초에 처음으로 내가 자랐던 중국 고향을 찾아 가게 되었다. 내가 자란 고향이라 일컫는 곳은 지금은 중국이지만 그 당시는 만주국 통화성 임강현 임자두촌滿州國 通化省 臨江縣 林子頭村이라는 작은 탄광 마을이었다. 이번에 가서 보니 그곳도 행정구역이 바뀌어 길림성 백산시 강원현吉林省 白山市 江原縣에 속해 있었다.

홍안 소년으로 그곳을 떠난 지 60년 만에 70노인이 되어 고향을 찾는 마음으로 간 것이다. 너무 긴 세월이 지났고 어린 시절 기억만으로 제대로 찾아갈 것이며 또 찾아간다 할지라도 그 지역의 옛 모습들이 그대로 남아 있을까도 염려되었다. 그런데 다행히 지명이 그대로여서 쉽게 찾아갔는데 그곳이 크게 변한 게 없어 어린 시절의 기억들이 생생하게 떠올랐다. 우리 집 앞으로 있던 큰 도로와 마을 남쪽과 북쪽을 흐르던 두 개의 내와 그 시멘트 다리가 유난히 눈에 익었다. 다만 두 다리의 거리가 그 당시에는 꽤 멀었던 것 같았는데 지금 와서 보니 가까운 거리였다. 그 내는 사계절 내내 즐겨 놀던 놀이터였다. 여름엔 고기 잡고 멱감으며 놀고 겨울에 팽이 치고 썰매 타며 놀던 곳이라 바로 어린 시절로 돌아온 느낌이었다. 유감스럽게도 길옆에 있었던 우리 집 여관 건물은 헐리고 그 자리에는 2층 건물의 공공기관이 들어 있었다. 대체로 한국인과 일본인이 살던 집은 헐리고 그 자리에 새 건물을 지은 것 같다.

도로변에는 예전에 없었던 2, 3층 건물이 더러 있었지만 현대화된 신시가지로 발전된 모습은 아니었고 아직도 낡은 주택들이 옛 모습 그대로 많이 남아 있었으며 내가 다니던 학교도 교사는 없어졌지만 학교 터는 그대로 남아 있었다. 주민들의 사는 모습도 별로 변한 게 없어 보였다. 이런 점들이 오히려 나로 하여금 옛 기억을 되살리게 하며 고향의 정을 더 느끼게 했다. 다만 당시에 살았던 우리 집 주위의 원주민이 한 사람도 없음이 아쉬웠다.

마을을 두루 돌아본 후 내 숙부님의 묘소가 있었던 공동묘지를 찾아갔다. 주변 지세들이 변하지 않아 쉽게 공동묘지 자리는 찾을 수 있었으나 묘들은 거의 다 없어지고 밭이나 잡목지대가 되어 있었다. 부근에 두어 채 외롭게 있는 농가에 가서 주민에게 물으니 30년 이상 된 묘는 다 파묘하도록 되어서 이미 파묘한 지가 오래되었다는 것이다.

사실 이번 중국방문의 주목적은 숙부님 묘소를 찾는 일이었다. 다행히 찾게 되면 시신을 수습해서 화장한 후 유골을 모셔 올 계획으로 나의 종제와 동행을 했었다. 그러나 상황이 이렇게 되었으니 어쩌랴. 묘소가 있던 자리에서 숙부님의 고

혼 앞에 잔을 부어 놓고 절을 올리며 위로와 불효의 용서를 빌었다. 그리고 시신 대신 그 자리의 흙을 약간 파서 비닐봉지에 담았다.

이국땅에 묻혀 긴 세월 동안 아무도 돌보는 이 없이 잡초에 뒤덮인 채 외롭게 누워 계시다가, 그나마 묘소마저도 가족들도 모르는 사이 파묘가 되어 시신의 행방도 모른 채, 지금껏 허공에 떠돌고 계실 고혼께서 우리 두 종형제의 이 사죄의 절을 받아 주셨으면 하는 마음 간절했다.

60여 년 전 어린 이 몸이 자랐던 만주 땅 임자두촌, 비록 나를 알아봐 주는 이도 없고 옛 친구도 없는 이국의 고향 땅이지만 낯선 감이 없고 여러 가지 추억들이 되살아나 곳곳에서 고향의 정을 느낄 수가 있었다. 이래서 사람들은 고향을 잊지 못하는 것 같다. 특히 고향을 떠나와 사는 사람일수록 늘 향수에 젖어 사는 것이다. 고향에는 언제나 마음이 머물러 있음이다. 나도 이번에 중국 땅 임자두촌에 가서 그곳에 아직도 내 마음이 머물러 있음을 실감하며 그곳이 비록 이국땅이지만 나의 또 다른 고향이었음을 지울 수가 없었다.

(2005)

아들이 입대하던 날

지금부터 20년 전, 내 나이 50을 바로 앞에 두고 천금 같은 아들을 얻었다. 평생을 혈육 한 점 두지 못하고 살다가 내 대代로 마감하고 가는 줄 알았는데, 기적같이도 아들을 얻었으니 그 당시 그 기쁨이야 이루 다 말할 수가 없었다. 그 무렵 내 친구들은 며느리 · 사위도 보고 빠른 친구는 손자까지 보았거늘, 이제서야 아들 하나 낳고 세상 혼자 만난 것처럼 신나했던 내 모습이 다른 사람들 눈에는 어떻게 비쳐졌을까? 지금 생각하면 부끄러울 뿐이다.

그 아이가 별 탈 없이 잘 자라서 대학 1학년을 마치고 군에 입대하게 된 것이다. 이 나라의 남성으로 태어났으니 병역의 의무를 이행해야 함은 당연한 일이요 또 각오도 했었지만, 막상 현역병 입영통지서를 받고 보니 왠지 울적해지고 불안감이 들었다. 전시도 아닌데, 영 못 올 곳을 가는 것 같은 심정으로 하루하루 날 가는 게 야속한 가운데 드디어 입영 날을 맞았다.

지금은 전과 달리 입영 부대명과 입영일시, 지명, 약도, 교통안내까지 입영통지서와 함께 미리 보내온다. 각자 시간 내에 부대로 찾아가는 것이다. 당일 가족이나 친구들이 현지까지 함께 가는 것도 허용된다. 아들은 처음부터 친구 몇 명과 열차 편으로 가겠으니 아버지 어머니는 오지 말라는 당부였다. 부대에서 입소식을 마치고 헤어질 때 더 서운해 할 것 같은 부모의 마음을 헤아려서 그러리라 여겨졌지만, 그래도 남들이 다 같이 가는데 혼자 보내는 것이 안쓰럽고 마음에 걸려 같이 가고 싶었으나 아들의 뜻을 받아들여 혼자 보내기로 했다.

입대 시간은 오후 1시지만 열차 편으로 서울 청량리로 해서 춘천까지 가야 하기에 평택에서는 새벽 4시 35분 열차로 가는 수밖에 없었다. 늘 잠이 많아 늦잠을 자던 녀석이라 제 시간에 못 일어날 것 같아 머리맡에 알람시계를 놓고 자게 했다. 아들아이도 긴장되고 불안한지 잠자리에 들지 못하고 컴퓨터를 하는 것 같았다. 자기를 권했으나 대답뿐이었다. 우리 내외인들 잠이 쉽게 들 리 없었다.

자는 둥 마는 둥 하는 중에 알람도 울리기 전에 아내가 먼저 일어났다. 나도 따라서 일어났다. 거실에 나가 보니 아들은 언제 일어났는지 벌써 떠날 준비를 다 갖추고 있었다. 제 말로는 잠을 잤다고 하나 그대로 날밤을 샌 것 같았다. 그 잠보가 부모 곁을 떠나 입대한다는 현실 앞에 너무도 긴장되고 마음이 착잡했던 모양이다. 그런 아들의 모습을 보니 더욱 마음이 아팠다.

차 시간이 되어 나가면서 모자간에는 현관에서 작별의 인사를 하고 나는 역까지 같이 나갔다. 대합실에 들어가니 춘천 부대까지 직접 가서 전송할 아들 친구 셋이 벌써 와 있었다. 열차가 도착되려면 아직 10여 분은 족히 남았거늘, 아들은 날 보고 집에 들어가라고 한다. 친구 녀석들과 자유롭게 있고 싶어서인가 보다. 하는 수 없이 아들의 손을 꼭 잡고 터져나올 듯한 눈물을 억지로 참으면서 부자간에 할 말은 서로 가슴속에 메아리로 남기고 무거운 작별을 했다. 대합실을 나와서도 차마 발길이 떨어지지 않았다. 어둡고 차가운 새벽, 역 마당에서 먼빛으로 대합실 유리 출입문을 통해 아들의 모습을 바라보았다. 열차가 도착해서 친구들과 함께 홈으로 나가 그들이 탄 열차가 떠나는 것까지 보고 돌아왔다. 집에 오니 아들은 떠나고 없지만 아들의 체온과 체취가 온 집안에 그대로 남아 있는 듯, 아들이 입대한다는 사실에 실감이 나지 않았다. 아내도 넋 잃은 사람처럼 별로 말을 잇지 못했다. 이대로 보냄이 너무도 섭섭하고 아쉬워서인지 아내는 시간도 넉넉하니 춘천까지 가자고 했다. 나 또한 굳이 말리고 싶지 않아 아내와 함께 차를 몰고 춘천을 향해 출발했다. 줄곧 고속도로를 달려 춘천 102보충대에 이르니 오전 10시가 좀 넘었다. 입대 시간 1시까지는 너무 이른 시간이라 부대 정문 앞, 몇 안 되는 상점과 식당 주변 공지에는 약간의 입소 장정들과 가족 · 친구들이 눈에 띄었다. 아들과, 같이 온 친구들도 쉽게 만날 수가 있었다. 그 사이 벌써 수십 년 헤어졌던 이산가족을 만나는 것 같은 느낌이 들었다.

시간이 가면서 속속 입영장정들과 가족들이 모여들기 시작했다. 아들과 그 친구들, 함께 식당에 가서 점심식사를 하고 입소식이 있을 부대 내로 들어갔다. 부대 건물 뒤편, 산비탈 스탠드에 오는 순서대로 입영장정과 가족 · 친구들이 자연스럽게 함께 앉고 스탠드 아래에는 단상이 마련되어 있었다. 입영자를 따라온 가족들과 친구들은 입영자보다도 서너 배는 더 많아 보였다. 현장에 와서 보니 아들만 혼자 보내기보다는 뒤따라 온 것이 정말 잘했구나 싶었다. 아들 녀석도 떠날 때는 한사코 아버지 어머니 오지 말라고 하더니만, 막상 이 상황에서 만나고 보니 반가운 모양이다.

군악대의 경쾌한 주악이 연주되는 가운데 부대장이 임석하면서 정각 1시에 입소식은 시작되었다. 부대장의 훈시가 있은 후 끝 순서로, 진행하는 장교의 구령에 따라 입영자들만 일어서게 하고 군가, 〈진짜 사나이〉를 군대식 군가 동작을 하며 힘차게 불렀다. 그리고 마지막 부모님께 드리는 인사로,

다같이 한 목소리를 내어 "부모님 건강한 모습으로 돌아가겠습니다."를 크게 외쳤다. 이어서 가족들과 작별의 포옹을 하는 순간, 이젠 정말 헤어지는구나 하는 절박한 순간, 차마 헤어지고 싶지 않았던, 그 아쉬운 마음이 나도 모르게 눈시울을 젖게 했다. 이 순간, 다른 모든 부모들의 눈에서도 눈물이 흐르고 있었다. 진행 장교의 지시에 따라 입영 자들은 정든 가족들과 헤어져 강당을 향해 무거운 발걸음을 옮겼다.

한 발 한 발 멀어져가며 뒤돌아보는 아들의 모습을 보면서 안타까운 이별의 눈물을 계속 닦아내며 손을 흔들면서 천륜의 정을 확인하고 또 확인했다.

아들의 입대를 전송하기 위해 새벽부터 이곳 춘천까지 함께 와준 아들의 친구 셋을 차의 뒷좌석에 태우고 출발하면서, "아들 넷을 데리고 왔다가 하나를 이곳에 남기고 셋만 데리고 가는구나."라고 허탈한 심중의 말을 했더니, 모두들 뜻 모를 웃음으로 답을 보냈다.

몸은 집에 돌아왔지만 마음은 내내 춘천에 머물러 있었다.

(2003)

한 마디 말이 모자라서

가끔씩 낯모른 사람으로부터 전화를 받고 나서 한동안 불쾌한 마음을 지울 수 없을 때가 있다. 실수로 전화를 잘못 걸었으면 "잘못 걸었습니다. 죄송합니다."라고 한 마디만 하면 될 것을 그냥 끊어 버린다. 반대로 내가 실수한 전화에 대하여 실수의 인사를 했는데도 "전화 똑바로 해!"라고 호통을 치고 끊어 버리는 사람도 있다.

좁은 골목길을 운전하다가 마주 오는 차가 있어서 그 차에게 길을 양보하고자 한쪽에 차를 비켜 정차하고 있는데도 당연하다는 듯이 그냥 지나쳐 가는 운전자도 있다. 지나가면서 가볍게 손이라도 들어 고맙다는 신호라도 보내면 오죽 좋으랴.

전철 안에서 노인이 앞에 서 있는데도 버젓이 앉아 있는 철

면피의 젊은이도 있다. 이 젊은이는 자신이 노약자석에 앉아 있다는 사실을 알고나 있는지 모르겠다. 선뜻 일어나 "여기 앉으십시오."라고 한 마디 하며 노인에게 자리를 내드리는 것이 버티고 앉아 있는 것보다 오히려 더 마음도 편하고 보기에도 좋지 않겠는가.

일상 속에서 이런 경우들을 당할 적마다 몹시 불쾌하고 화도 나지만 그렇다고 일일이 시비를 걸 용기도 없다. 이런 사소한 일로 나도 모르는 사이 스트레스만 쌓여 가고 있는지도 모를 일이다. 왜 이렇게 사람들의 마음이 메마르고 왜곡되어 있는지 모르겠다.

아이들은 나라의 미래라고 했다. 아이들의 마음가짐과 행동이 바로 우리의 미래가 아니겠는가? 요즘 아이들이 이웃 어른들을 보면 인사하는 것 보기 어렵다. 차 안에서도 어른들에게 자리 양보하는 것 보기 드물다. 더구나 그 아이의 부모가 함께 앉아 있으면서도 아이를 일으켜세우고 어른들에게 자리를 내주는 모습도 좀처럼 볼 수 없다. 아이들의 그릇된 언행에 대해 나무라며 타이르는 어른도 없다. 모른 체하는 게 상수인 양 무관심이다.

가정이나 사회는 다 교육의 현장이요 삶의 현장이다. 이곳에서 여유 있는 마음과 부드러운 말, 양보의 미덕이 풍성하게 보여야 사람 사는 맛이 날 것 아닌가. 가끔 거리를 걷다 보면 서양인과 마주칠 때가 있다. 그는 씽긋 웃으며 아는 사람 대하듯 하며 지나간다. 우리의 감정으로는 '싱거운 사람' 정도로 폄하하겠지만 그들은 그만큼 마음의 여유가 있는 것이다.

말 한 마디에 천 냥 빚을 갚는다 했다. 여유 있는 마음에서 우러나는 말 한 마디와 작은 행동 하나는 모두의 마음을 기쁘게 해주고 자신의 마음도 편하게 해 준다. 한 미디 말이 모자라서 미움을 받을 수는 없지 않은가.

내 마음의 가을

계절의 변화처럼 분명한 것은 없는 것 같다. 불과 2, 3일 전까지만 해도 따가운 햇볕이 싫어서 그늘진 길 건너편 보도를 일부러 건너가서 다녔건만 갑자기 쌀쌀해진 날씨 때문에 이젠 또 볕드는 쪽 보도를 찾아 걷게 된다. 그토록 기승을 부리던 이 여름 더위가 가을을 예고하는 입추, 처서, 백로, 추분, 한로를 지내 놓고도 좀처럼 물러갈 태세를 보이지 않더니만 상강霜降이 지나자마자 풀 없이 고개를 떨군다. 이상기온이요, 지구 온난화 현상이요 해서 간혹 제철답지 않게 폭우나 폭설, 강풍, 폭염, 혹한 등 계절 특성과는 관계없는 이상 현상의 기상 이변이 있기는 하지만 그것은 그때뿐이요, 사계절의 변화 주기나 계절적 특성은 근본적으로 그 질서를 잃는 법은 없다.

일 년 사계절 중 가장 좋은 계절을 택하라면 나는 서슴없이 가을을 택할 것이다. 가을의 좋은 점을 이루 다 말할 수는 없겠지만, 우선 내 체감에 느끼는 기온이 좋고 다음은 푸르고 드높은 하늘과 그리고 산과 들에 각종 수목 잡초에 이르기까지 그 나름대로 간직했던 자신들의 색깔을 드러내, 전체가 아름다운 자연색의 조화를 나타냄이다. 이것을 시샘이나 하듯 여름은 그렇게도 더위로써 기승을 부리고 그도 모자라서 마지막까지 태풍에다 폭우까지 퍼다 부으며 토사를 내어 나무가 뿌리째 뽑혀 쓰러지고 가옥 전답 도로가 묻혀버리고 유실되고 인명마저 앗아가는 잔인성을 드러냈는지….

사계절의 자연 질서를 어찌 내 편협한 감정으로 좋고 나쁨을 판정하랴만, 긴 여름 동안 폭서와 폭우 속에 시달림을 받았던 이 나약한 육신인지라 잠시나마 찾아준 이 천사 같은 가을이 더없이 반갑고 놓치고 싶지 않아 한순간이라도 같이 있고 싶은 마음 간절하다. 그래서 산행도, 여행도 더 하고 싶고 이곳저곳 발길 닿는 대로 한없이 다니고 싶다. 여름의 녹음도 싱싱했지만 어디다 숨겨 두었는지 도둑이 물러간 다음에 안심하고 다 내놓듯 화사한 색으로 한껏 제 얼굴 치장을 한 수목들의 단풍은 더욱 좋아 보인다. 하늘마저 그 진한 쪽빛으로 맑고 시원스레 드리워져 더욱 바라보고 싶고 젖어들고 싶다. 늘 만나는 사람인데도 더 정겹고 무엇을 하든 같이 오래 있고 싶어진다. 이토록 간직하고 싶고 머물고 싶은 가을, 늘 있어

주었으면 오죽 좋으랴.

그러나 마음에 없는 혼처에 억지로 시집가듯 고운 모습, 고운 맘씨 송두리째 빼앗기고 겨울 따라 끌려가야 할 가련한 가을의 운명은 이제 곧 나에게 쓸쓸한 마음을 안겨다 줄 것이다. 특별히 가을철이면 사색을 더 하게 되고 우수와 고독감을 느끼게 하는 것이 가을만이 가져다주는 그런 정취 때문이 아니겠는가.

짧은 가을이지만 특히 만추가 되면 지금도 내 마음속에 되살아나는 어린 시절의 추억이 있다. 겨울이 오기 전에 지붕에는 새로 노랗게 이엉을 해 얹고 불 안 들이는 방바닥 구들도 뜯어 새로 놓아 장판을 해서 콩댐을 하고 기름걸레로 문질러 윤기를 낸다. 방문과 창문에는 여름내 찌들고 뚫어지고 찢어진 창호지들을 다 뜯어내고 새 창호지로 풀 쒀 발라서 물 뿌려 양지쪽에 말리면 팽팽해져서 손톱으로 약간만 퉁겨도 탱탱 울린다. 특히 손잡이 있는 부분 창호에는 사슴뿔 같은 집방나무 잎이나 사람 손가락을 편 듯한 단풍나무 잎을 펴서 대고 그 위에 알맞게 자른 창호지를 덧붙임으로써 예쁜 문양을 연출한다. 또 외눈으로라도 밖을 내다보기 위해 작은 유리 조각을 대고 창호지로 여러 갈래로 대칭되는 다양한 문양으로 구멍나게 오려 붙인다. 이렇게 새롭게 단장된 방에 불을 때서 따뜻해진 방바닥에 앉아 환한 창호를 바라보면서 더없이 편안하고 아늑함을 느꼈던 그 감정이, 늦가을 맞아 낙엽이 이리저리 구르고 스산해져 오면 어김없이 내 마음속에 되살아난다.

지금은 구들 놓은 장판방을 찾아보기 어렵다. 보일러에 의해 데워진 물이 방바닥 밑에 깔린 파이프를 따라 순환하면서 항상 따뜻함을 유지해 주고 창호지 바른 창문 대신 유리 이중 창문에 예쁜 커튼까지 드리운, 월동을 위한 완벽한 방이다. 그렇다고 이 편리하고 좋은 현실을 버리고 옛날로 돌아가고 싶은 것은 아니지만 내 마음속에 남아 있는 늦가을의 새로 들인 온돌방에서 느꼈던 따스함과 편안하고 아늑한 분위기는 해마다 찾아오는 늦가을의 정취 속에서 왠지 지워버리고 싶지 않은 추억인 것이다.

따뜻하고 화사해도 변덕이 심한 봄, 녹음 싱싱하고 신선해도 더위로 고통받는 여름, 백설의 정결함과 그 운치는 일품이지만 그 혹독한 북풍한설로 몸과 마음이 다 얼어붙는 듯한 겨울, 이 세상 사람들의 모습을 보는 것 같다. 그래도 내 주변엔 모두가 다 가을과 같은 사람들만 살아주었으면 오죽 좋으랴. 가을은 맑고 고움 속에서도 어딘가 쓸쓸함을 풍겨주는데도 다가가고 싶은 구심력을 일게 해준다. 사람도 늘 함께 있어 주었으면 하는 사람이 있고 이젠 좀 떠나 주었으면 싶은 사람이 있듯이, 일 년 사계절과는 필연적으로 만나면서 살아야 하지만 여름과 겨울은 만나기 싫은 게 솔직한 심정이다.

기다려지고 또 만나면 떠나 보내고 싶지 않은 가을, 그러나 헤어질 수밖에 없는 가을이기에 더 정겹고 아쉬워하는 내 마음의 가을로 남는 것이다.

빈 들녘 길을 걸으며

매일 한 차례씩 걷기 운동을 시작한 것이 만 2년이 넘었다. 정년퇴직을 하고 나니 아침에 시간 맞춰 출근하는 부담도 없어졌고 무엇보다도 직장에 매어 있던 심리적 압박감에서 해방된 여유 있는 마음이 이나마 걷기 운동이라도 할 수 있도록 해준 것 같다. 평소 나는 취미나 건강을 위해 특별히 즐겨 한 운동이 없었다. 그렇다고 뒤늦게 테니스나 골프를 배울 용기도 나질 않아서 가벼운 산책을 시작한 것이 지금은 1시간이 넘는 거리의 속보운동으로 발전했다. 어쩌다 하루라도 거르면 소중한 물건을 잃어버린 것 같은 심정이다.

내가 보행운동으로 다니는 길은 들녘의 농로이다. 농로지만 네모 반듯하게 잘 정리된 드넓은 농경지 가운데로 난, 넓지도 좁지도 않은 쭉 곧은길이다. 걷기에 따라서는 한 시간,

그 이상도 걸을 수 있을 만큼 길은 바둑판처럼 이어져 있다. 사람 많은 학교 운동장이나 옹색한 공원보다는 차라리 이 들길이 훨씬 나았다. 첫째로 사방이 탁 트이고 고요해서 걸으면서도 사색하기가 좋다. 둘째로 계절 따라 피고 지는 갖가지 들꽃과 낯익은 들풀들, 벼가 자라는 모습 등을 보면서 자연의 신비로움을 늘 볼 수 있으니 좋다.

입동과 소설도 지나 초겨울에 접어든 요즘은 곱게 피었던 들꽃들도 다 지고 무성했던 들풀들도 이미 줄기와 잎이 누렇게 퇴색된 채로 맥없이 쓰러져 있다. 황금물결 일렁이듯, 온 들녘을 풍성하게 뒤덮었던 벼도 다 거두어들인 지금의 들녘은 이처럼 황량한 모습이다. 이런 길을 혼자 걷다 보면 쓸쓸하기 그지없다. 이럴 때면 주변에 숲이라도 있든지, 작은 시내라도 있어서 물 흐르는 모습이라도 보면서 걸었으면 오죽 좋았으랴 하는 생각이 든다. 그렇지만 고독감을 즐기는 그 나름대로의 묘미도 느껴본다. 그런 중에서도 간혹 새들이 날아와서 빈 논바닥에 앉아 무엇인가 쪼아 먹고는 어디론가 날아가는 모습을 보면서 이 겨울의 황량한 들녘에도 생명이 살아 숨쉬는구나 하는 것을 느끼곤 한다. 이처럼 들녘 길을 매일같이 걷다 보면 계절 따라 각기 다른 정취를 감상하게 한다.

들녘은 언제나 말이 없지만 계절 따라 그곳에서 생육하는 모든 식물들의 생장 모습을 통해 소리 없는 진실된 이야기를 토해내고 있다. 이름 모를 잡초에서부터 각종 들꽃들이 누가 돌보지 않는데도 스스로 싹이 트고 꽃을 피우고 씨를 퍼뜨린 후 자신이 태어난 소임을 다하고 슬어져 간다. 벼는 사람에 의해 보살핌을 받지만 본래 그가 태어난 사명을 어김없이 완수하고 일생을 마친다. 이 신성한 생명력이 끊임없이 순환되는 곳이 바로 이 들녘이요, 이 무한한 생명의 에너지를 제공해주고 또 보호해주는 곳도 이 들녘이다. 지금 겨울을 맞는 이 들녘은 수많은 생명의 이야기를 간직한 채 황량한 모습과 침묵만이 흐를 뿐이다. 나 또한 침묵하며 이 들길을 걸으면서 이런저런 상념에 젖어든다. 지나간 봄, 여름 그리고 가을을 거치는 동안 이 들녘에서 왕성하게 펼쳐졌던 넘쳐흐르는 생명력과 윤기 흐르는 초록의 물결, 풍요로운 황금의 물결, 그 모든 것을 다 잃고 지금은 나지裸地의 모습이 되고도 아쉬움도, 미련도 없이 저토록 평화로운 들녘, 이 들녘 길을 걷고 있는 지금의 내 모습은 어떠한가? 지나온 긴 세월 속에서 공부하느라고, 사느라고 얼마나 많은 풍상을 겪어야 했던가? 그러면서 직장도 얻고 승진도 해서 작으나마 지위도 얻고 가족도 생기고 먹고살 만큼의 재화도 얻지 않았는가? 그러나 이런 것들이 이젠 하나 둘씩 내게서 떨어져나가고 멀어져가고 있다. 때로는 잃어버린 아쉬운 마음, 내주고 싶지 않은 마음, 무엇인가 또 갖고자 하는 마음 등으로 부질없는 고민 속에 싸이기도 한다.

법정 스님은 수필 〈무소유〉에서 '아무것도 갖지 않을 때 비로소 온 세상을 갖게 된다는 것은 무소유의 역리이니까.' 라고 마무리하고 있다. 무엇인가 소유한다는 것은 그만큼 집착과 욕심이 따르는가 보다. 아무리 아니라 해도 이미 마음속에는 그것이 터를 잡고 있는지 모른다. 말로는 공수래공수거空手來空手去라 하지만 실지는 공수래만수거空手來滿手去의 심정으로, 이 세상 떠나는 그날까지 버리고 가지 못하는 게 사람의 욕심이 아닌가. 나 또한 왜 아직도 '무소유'의 경지에 이르지 못하고 있는지…

모든 것을 다 버리고 찬 서리와 북풍한설 속에서도 태연한 모습으로 자연의 법칙에 순응하며 봄을 기다리는 이 침묵의 들녘이 부럽기만 하다.

《한국수필가》 2005. 봄호.

별난 이름

나는 별난 내 이름 때문에 어린 시절엔, 동네나 학교 친구들로부터 여러 가지 듣기 싫은 별명으로 놀림감이 되어, 어린 마음속에 늘 자괴지심으로 가득 찼다. 이름뿐만 아니라 성姓마저도 당시로는 희성稀姓인 데다 발음상으로는 누구나 잘 아는 보통명사이기에 이름과 함께 싸잡혀 달갑지 않은 별명의 구실이 되었다. 그러기에 내 고유의 성명은 선생님이 출석을 부를 때나 제대로 불려지고 그 이외에는 거의 다 별의 별 별명으로 시달려야 했다. 또 어른이 되어 사회의 일원으로서 사는 동안에는 이름자 중에 한 자가 써 놓거나 활자화되고 보면 보는 이에 따라서는 전혀 다른 자로 보일 수도 있으며 또 문제의 그 이름자의 발음조차도 듣기에 따라서는 유사한 두 발음을 내기에 꼭 알맞게 되어 있다. 이런 별난 내 이름 때문에 지금도 나는 나를 소개할 때 내 이름 석 자를 대면서도 늘 위축감을 갖는다.

'문석흥文錫興', 이 성명 석 자에서 '문' 자로 인해서는 대문, 문어가 대표적인 별명이고 '석흥'으로 인해서는 '콩'이 주종을 이뤘다. 썩은 콩 · 비린 콩 · 까만 콩 등, 그뿐이랴. 이 모든 단어들을 그럴듯하게 조립해서 아주 망측스런 짧은 문장으로 만들어서 장단을 맞춰가며 신나게 놀려대니 일일이 맞대결을 하기도 힘들고 나중엔 지쳐서 거의 체념하고 바보처럼 지내야 했다. 이 별명으로 인한 고통은 철없는 어린 시절을 지내면서 자연스럽게 사라졌지만, 어른이 된 이후부터는 내 이름이 내 의지와는 관계없이 바뀌지는 것이 또 화가 난다. 즉, 내 이름자 중 끝 자인 '흥興' 자는 한글로 써놓고 보면 쓰는 사람의 솜씨에 따라 '흥'(ㅎ · ㅡ · ㅇ)자인지 '홍'(ㅎ · ㅗ · ㅇ)자인지 명확히 구분되지 않는다. 활자인 경우는 더 구별이 어렵다. 이럴 때 내 이름을 정확히 알지 못하는 사람들은 대부분 '흥'(ㅎ · ㅡ · ㅇ)자보다는 '홍'(ㅎ · ㅗ · ㅇ)자를 택한다. 그래서 한글로 쓰여진 우편물을 받고 보면 거의 다 '흥'(ㅎ · ㅡ · ㅇ)이 아니라 '홍'(ㅎ · ㅗ · ㅇ)으로 바뀌어 온다.

제 이름자가 바뀌진다는 것이 얼마나 불쾌한 일인가. 그러기에 나는 내 이름자를 쓸 적에는 가능하면 한자로 쓰지마는, 보는 이가 바로 보고도 한글로 쓰다 보면 애매하게 쓰기 때문에 읽혀질 때에는 어김없이 '홍'(ㅎ · ㅗ · ㅇ)자로 둔갑된다. 따라서 이렇게 된 내 이름을 처음 본 사람은 그렇게 고정화하는 것이다. 이 얼마나 안타까운 일인가.

나는 평생 교직 하나만의 직업을 가지고 살아왔기에 많은 학생들의 이름을 접해왔다. 그 많은 이름들 중에는 별난 이름도 많았다. 여학생 이름인데 '박을년朴乙年'이 있었다. 정말 부르기에도, 듣기에도 민망스런 이름이다. '안달오安達五'라는 남학생 이름도 있었다. 이 두 이름을 학급의 짓궂은 아이들이 가만히 있을 리 없다. 이 이름들은 발음 그대로 불러도 별 하자는 없다. 그러나 별명으로 놀려대고자 부정적인 다른 뜻으로 부를 때는 하나는 음담으로, 하나는 달지 않다는–안달어–말로 의미를 부여하는 것이다. 그 밖에 임보균 · 김치국 · 조갑지 · 배신자 등, 이런 이름들은 다른 부정한 뜻으로 별명이 되어 놀림감으로 둔갑된다. 한글형 이름에서도 아름 · 보람 · 다솜 · 기쁨 · 샛별 · 이슬 · 으뜸 · 박차고나온노미새미나 등의 이름은 곱고 참신한 감은 있지만 한자형 이름에 익숙해진 나 같은 사람에게는 역시 별난 이름으로 느껴진다.

지금은 한글형 이름을 많이 짓지만, 전에는 거의 다 한자형 이름을 지었다. 한자형 이름의 특징은 문중의 항렬자가 반드시 들어가야 했고 좋은 뜻이 담긴 글자로서 구성되어야 한다. 그리고 이름은 곧 그 사람의 운명을 결정짓는 것으로 인식되어 있다. 이런 엄숙하고도 절대성을 가진 이름이기에 이름의 발음 같은 것은 크게 문제될 것이 없는 것이다. 또 한 번 지어진 이름은 함부로 탓할 수도, 고칠 수도 없다. 운명으로 여기고 평생을 지니고 가는 것이다. 물론, 법적으로 개명이 가능하도록 되어는 있지만 그 수속 절차와 판결 과정이 그리 쉽지도 않다.

어쨌든, 이름은 신중을 기해서 잘 지어야 한다. 자녀들이 좋은 운명을 지니고 평생토록 오복을 누리며 잘 살아 가기를 바라서 유명한 작명가나 또는 고명한 도사님으로부터 천하에 좋은 이름을 지어오면 무엇하겠는가. 여러 사람들에 의해 불려지고 들려질 때 발음상 불편하거나 이상한 쪽으로 뜻이 연상된다면, 그 이름은 곧 저속한 별명으로 놀림감이 되고 품위를 잃고 만다. 이로 인하여 그 당사자가 받는 마음의 상처는 자칫 인격 형성에 나쁜 영향을 줄 수도 있다.

별난 이름을 가진 아이들이 어린 시절에는 잘 모르지만 커서 학교에 가거나 사회에 나가서 이 별난 이름으로 해서 받아야 할 고통을 부모들은 생각해 봐야 할 일이다.

각자가 다 자기의 고유의 모습을 타고나듯, 이름 또한 고유한 것으로서 그 이상의 의미를 둘 필요가 없을 것 같다. 부르고 듣기에 편하고 유연하며 쓰기에 간결하고 누구나 쉽게 알아볼 수 있는 자로 지으면 그 이름이 좋은 이름 아니겠는가.

조금만 더 양보하면

지금은 은퇴하고 이렇다 할 아무런 직함도 없지만 그래도 하나 있다면 내가 살고 있는 지방 작은 도시에, 지방법원 지원의 민사가사조정위원의 신분을 가지고 있다. 그렇다고 나는 법학을 전공한 바도 없고 법조계에서 근무한 경험도 없다. 조정위원으로 위촉을 받은 것을 계기로 생전처음 법원 출입을 하게 된 것이다. 물론 조정위원이 되기 전까지는 조정제도나 조정위원의 직무에 대해서 자세히 아는 바도 없었다. 그러나 몇 해 동안 조정 업무를 실제로 하다 보니 조정제도에 대한 이해도 깊어졌고, 한편 나 자신 판사도 아니면서 직접 원고 · 피고와 마주앉아 대화하며 분쟁을 평화적으로 해결하는 역할을 하는 데 대한 보람도 느끼고 있다.

조정을 함에 있어서는 조정위원의 풍부한 식견이나 인생

경험에 의한 직관력과 설득력 있는 대화의 기능이 있어야 한다. 그러므로 분쟁 당사자들 사이에 얽힌 감정을 누그러뜨리며 서로의 주장을 조금씩 양보하게 해서 적정한 조정안을 제시함으로써 합의점을 도출해내는 것이다. 이렇게 해서 조정이 원만하게 성립이 되어 조정사항이 조정조서에 기재되면 그 기재내용은 재판상의 확정판결 결과와 동일한 효력을 갖게 되는 것이다. 이는 승자도 패자도 없이 그간의 첨예하게 대립되어 격화되었던 감정과 이해관계를 말끔히 해소하고 화해하여 다시금 좋은 인간관계로 회복할 수 있는 바람직한 분쟁해결 방법인 것이다. 특히 민사소송사건으로 원고와 피고가 되어 재판으로까지 이르게 되면 이 두 당사자 간에 인간관계는 크나큰 손상을 입고 평생을 원수로 살아갈 수밖에 없다. 흔히 말하기를 이 세상 살아가는 동안 경찰서와 법원과 병원, 이 세 곳은 절대 가지 말아야 한다고 한다. 평생을 죄 안 짓고 벌받지 않고 병 안 들고 살아가는 그 높은 삶의 가치를 비유한 것이 아닌가?

내가 조정을 담당했던 폭행 상해 사건의 한 예를 들어본다. 사건의 당사자들은 같은 마을에 사는 잘 아는 사이로서 사소한 마을 일로 서로 오해가 있었다. 그 오해는 드디어 폭행으로까지 번져 다른 한쪽이 상해를 입어 가해자 쪽은 벌금형까지 받았다. 그리고 피해자(원고)는 병원 치료비와 위자료 등 310만 원의 청구 소송을 냈으나 조정으로 넘어온 것이다. 내

용으로 보아서는 조정위원의 입장에서 볼 때 쉽게 조정이 성립될 것 같은 예감이 들었다. 당사자 한 사람씩 교대로 퇴석시키고 개별적으로 대화와 설득을 해서 원고로부터는 치료비 60만 원과 위자료 120만 원 도합 180만 원까지 낮추는 데 양보를 얻어냈다. 그러나 피고는 치료비 60만 원 이외에는 한 푼도 줄 수 없다고 완강히 고집했다. 다시 두 사람을 대석對席해서 화해시키려고 설득을 해봤으나 워낙 두 사람 사이에 감정의 골이 깊어 좀처럼 합의가 불가능했다. 드디어 원고는 자리에서 벌떡 일어나며 격한 어조로, "나는 이제라도 당신이 진심으로 사과만 하면 310만 원 받지 않아도 좋아!"라고 쏘아붙이며 일방적으로 나가버렸다. 이 조정은 결국 노력의 보람도 없이 불성립으로 끝났다. 이 사건은 피고가 조금만 더 양보하고 사과하면 될 것을, 한마을에 살면서 왜 원수가 되어 살려고 하는지. '말 한 마디에 천 냥 빚을 갚는다.' 했다. 사과한 마디로 310만 원을 0원으로 만들 수 있는 감동을 불러일으킬 수도 있었던 사건이었다.

조정을 하다 보면, 직접 당사자가 아닌 나 자신도 마음속에 명암이 엇갈린다. 분쟁의 두 당사자 사이에 얽힌 감정을 말끔히 풀고 원만한 합의점을 찾아 조정을 성립하고 서로 악수하며 밝은 낯으로 헤어지는 모습을 보기도 한다. 이럴 때면 진정 사람 사는 세상을 보는 것 같아 조정을 한 보람을 느끼며 흐뭇한 마음이다. 그러나 끝까지 상대편에만 잘못이 있고 자신의 잘못은 조금도 인정하지 않으며 한 치의 양보도 없는, 지극히 이기적인 사람 때문에 조정을 무위로 끝내는 경우도 있다. 이럴 때는 나도 사람인 이상, 화도 나고 이런 '샤일록' 같은 사람에게는 내가 권한이 있다면 혹독한 벌이라도 내리고 싶은 심정이다. 끝도 없는 이기심, 그 알량한 자존심, 그것으로 해서 팽팽히 대립하기보다는 서로 조금씩 양보하고 화해하면 얼마나 마음이 후련하고 편안할 것인가.

솔로몬 왕은 갓난 아들 하나를 두고 서로 제 아들이라고 주장하는 두 여인의 재판에서, 아들을 칼로 쳐서 반씩 나눠서 가지라고 했다. 이때 한쪽 여인은 아들을 상대 여인에게 주고 제발 죽이지는 말아달라고 애원했다. 그러나 다른 한쪽 여인은 내 것도 네 것도 되게 말고 나누게 해달라고 했다. 솔로몬 왕은 아들을 양보했던 여인에게 아들을 주게 하고 친 어미로 인정하는 지혜로운 판결을 했다.

화해는 바로 양보에 있지 않은가. 아무리 각박한 세상을 살아가고 있다 하더라도 서로 간에 조금만 더 양보하며 살아간다면 어디에서나 분쟁은 없을 것이다.

《법률신문》 1982. 8.

보신탕

며칠 전 어느 무더운 토요일 오후에 동료 선생님 몇 분과 퇴근하면서 보신탕집에 들른 적이 있었다. 방이 만원이라서 출입문 쪽으로 난 식탁에 둘러앉게 되었다. 뚝배기에 담긴 뜨끈한 탕을 먹으며 반주로 소주 한두 잔 마시는데 출입문에 드리운 비닐 발이 바람에 간간이 날려 문밖에 지나가는 행인들이 보였다. 마침 그때 귀가 중이던 우리 학교 여학생 몇이서 바람에 벌어진 발 틈 사이로 선생님들을 본 것이다. 그런데 이 중 한 학생이 안으로 들어와 심상찮은 표정으로 우리들을 똑똑히 확인하고 아무 말 없이 가질 않는가. 왠지 못 올 곳에 와서 들킨 것처럼 죄를 지은 느낌마저 들었다. 이 일을 잊은 채 월요일 학교에 출근했다. 그런데 보신탕집에서 보았던 그 여학생이 찾아와서 정색을 하며 "선생님! 어떻게 선생님들께서 개고기를 잡수실 수 있으세요? 그런 선생님들 존경할 수 없어요!"하며 매몰찬 한 마디를 하고 나갔다. 이 학생들에게 무엇이라고 해명을 하고 이해를 시켜야 할는지… 평소 신뢰하고 존경하던 선생님들이 개고기를 먹는 것을 보는 순간 실망과 함께 충격이 컸던 것 같다. 남들이 다 무슨 못된 짓을 해도 우리 선생님만큼은 이 세상에서 가장 훌륭한 분으로 무조건 믿고 존경하는 그런 순진하고 착한 우리 학생들이었음을 새삼 느끼게 해 준다.

기왕에 보신탕이 글제가 되었으니 내 나름대로 보신탕에 대한 견해를 펴 보고자 한다. 요즘은 어딜 가나 보신탕으로 통하지만 전에는 개장, 개장국, 용탕 등으로 불렀다. 지난 88 올림픽 때 외국인들을 의식해서 보신탕 영업을 금지시켰을 당시, 도심을 벗어나 외각 지역에서 몰래 영업을 하면서 나름대로 그럴듯하게 붙인 사철탕, 영양탕 등의 위장명도 생겨난 것이다. 그런데 북한에서는 단고기라고 부른다 한다. 단고기란 이름도 전혀 근거가 없는 것도 아닌 것 같다. 일설에 의하면, 개고기는 원래 육질이 질겨서 끓는 물에 여러 시간을 달여야 연해지기 때문에 달여 먹는 고기라는 데서 그 '달' 발음이 변하여 단고기가 되었다 한다. 그것도 옛날에는 서민들이 즐겨먹던 음식이었던 것이 근래에 와선 보양 식품으로 알려지면서 신분 고하를 막론하고 즐겨 먹는 인구가 늘다 보니 품격을 높여 보신탕으로 개명된 게 아닌가 한다.

나도 제대로 입맛 붙여 먹게 된 것은 꽤 오래되지만 어렸을 적 기억으로는 여름철 무더위 속에서 비지땀을 흘려가며 논밭 매고 힘들게 일하고 지쳤을 때 집에서 먹이던 개를 잡아 영양 보충을 위해 먹었던 것으로 안다. 주로 남자들이 먹었지 여자들은 잘 먹지도 않았다. 특히 절에 다니는 분들은 아주 금기했고 운전기사들이나 그 밖에 일상생활 속에서 금기해야 할 일이 많은 사람들은 절대 금물이었다. 솔직히 말해서 부정시 했고 천시 당하던 음식이었다. 요즘처럼 보신탕이 일반화되고 애호 인구가 불어나기 이전만 해도 어쩌다 양복쟁이들이 보신탕집에 들어가려면 누가 보는가 싶어 문 앞에서 좌우를 살피거나 뒷문이 있는 집이면 뒷문을 찾아 들어가곤 했다. 그러나 지금은 그런 사람 하나도 없다. 남성 애호가들이 원래부터 많았지만 요즘은 여성 애호가들도 생겨났고 외국인도 더러 눈에 띈다. 특히 여름철이면 즐겨 먹는 인기 음식이 되었다. 설렁탕이나 갈비탕도 우리 고유의 맛있는 육류음식이지만 보신탕은 그 나름대로 특유한 맛과 먹은 후에 든든함을 느낀다. 담백하고 연한 고기 맛과 기름기가 많지 않은 데다 우리 토속 된장과 각종 신채류辛菜類가 섞여 달여진 얼큰하고도 뜨끈한 국물, 한 그릇 땀을 흠뻑 흘려가며 먹고 나면 그 진진함이 곧 힘으로 솟구치는 느낌을 가지게 한다.

이토록 우리나라 사람 상당수가 전통적으로 즐겨 먹는 이 보신탕을 놓고 특히 외국 동물 애호가들이 야만인이라고까지 해가면서 꾸준히 시비를 붙이고 있는 것도 사실이다. 그러나 음식도 문화이거늘 문화적 다원주의 차원에서 이해한다면 구태여 남의 나라 음식문화에 대해 시비를 붙일 필요도 없을 것 같다. 자기 몸처럼, 자식처럼 아끼고 귀여워하며 기르는 동물인데 어찌 무자비하게 때려잡아 끓는 물에 달여서까지 해 먹을 수 있겠느냐 하는 그 인도적인 주장도 묵살시켜서는 아니된다. 그러나 보신탕도 우리의 전통 음식이며 고단백의 영양식품이거늘 무조건 야만시 할 필요도 없을 것 같다.개도 여러 종류가 있으니 식용 견을 분리 개량 사육하여 소나 돼지와 같이 육류 식품으로 떳떳하게 유통시키는 것이 좋지 않을까 한다.

《교평문학》 2000. 5월호.

어머니들의 기도

11월은 대학입학 수학능력 시험이 있는 달이다. 해마다 이맘때가 되면 수험생을 둔 어머니들의 마음은 수험생보다도 더 애가 탄다. 불도들은 사찰에서, 기독교도들은 성당이나 교회에서 연일 철야 기도를 올리며 정성을 다한다. 이런 모습들이 취재 대상이 되어 시험 날짜가 다가오면 TV화면에는 애타게 염원하며 기도하는 어머니들의 모습이 비쳐진다.

특히 대구 팔공산에 있는 갓바위 앞에 수많은 어머니들이 염주를 굴리며 절하는 모습은 TV에 단골 메뉴다. 넙적한 돌을 머리에 이고 선 돌부처의 영험이 얼마나 있기에 해마다 그렇게도 많은 어머니들이 그 높은 산꼭대기까지 찾아가 기도를 올리는 것일까? 이렇듯 이즈음이면 전국에 유명한 사찰이나 기도원에는 각 곳에서 모여든 수험생들의 어머니들로 붐비고 있다 한다.

자식들이 잘되는 일이라면 무엇이든지 감내하는 우리나라 어머니들의 강한 모성애를 세계 어느 나라 어머니들이 따라오랴. 모두가 다 맹자의 어머니요, 한석봉의 어머니가 된 듯하다. 그런데 이상한 것은 이런 현상은 왜 어머니 쪽에서만 더 강하게 일어나는 것일까? 동물의 세계에서 보면 수사자가 제 어린 새끼를 물어 죽이려는 것을 암사자가 이를 저지하고자 악착같이 달려들어 처절한 싸움을 벌이면서까지 새끼를 보호하는 모습을 본다. 이런 속성으로 보아 사람에게도 부성애보다는 모성애가 더 강하게 나타남이 아닐까?

지금은 특수 목적 고등학교나 지방의 비평준화 지역을 제외하고는 평준화 시책에 의해 거의 무시험 추첨 배정으로 중 · 고등학교에 입학한다. 그러나 한때 중 · 고등학교에서도 입학 시험을 치른 시절이 있었다. 일류 학교일수록 경쟁률이 높아 불합격자가 많이 발생했다. 이때에도 어머니들의 자식 합격을 위한 정성과 염원은 여러 가지 형태로 나타났다. 경쟁률이 높은 학교의 교문 기둥이나 철문에는 갱엿을 녹여 철석같이 붙여 놓기도 하고 교문 앞에, 돼지 머리와 북어를 상에 받쳐 놓고 고사를 드리는 진풍경이 벌어지곤 했다.

내가 재직했던 학교에서 있었던 일이다. 낙방한 한 학생의 어머니가 며칠째 학교에 와서 교장실과 교무실을 오가며 청소도 하고 선생님들에게 차를 따라주기도 하며 갖가지 궂은 일을, 만류와 저지에도 불구하고 계속했다. 우리 아들 합격만 시켜주면 끝까지 하겠다는 것이다. 물론 이뤄질 일도 아니지만 이 어머니의 자식을 위한 무조건적인 사랑과 정성만은 선생님들도 감복했다. 그러나 한편 어떤 어머니는 합격자 발표도 하기 전에 학교에 찾아와 돈뭉치를 내놓고 합격을 흥정하려는 파렴치한 행위도 했다. 아마 치맛바람이란 유행어가 나돌았던 시절로 생각이 된다.

수능 고사장에서는 수험생들이 정해진 시간 내에 다 입실하고 나면 고사장 학교의 교문은 굳게 잠기고 외부인 출입이 통제된다. 이럼에도 불구하고 시험이 모두 끝나는 오후 6시까지 교문 밖에서 서성이며 초조한 마음으로 시험이 끝나기를 기다리고 있는 어머니들이 많다. 이 시간만큼은 추위도, 배고픔도, 피곤함도 다 잊은 채 오직 자식이 시험을 잘 치르기만을 빌고 또 빌며 간절히 기도를 할 뿐이다.

그런데 이 모든 어머니들의 기도는 내 자식만을 위한 기도이지 남의 자식을 위한 기도는 아닐 것이다. 좀 역설적이지만 내 자식만 좋은 성적을 받아 합격을 한다면 필연적으로 남의 집 자식은 떨어져야 할 텐데 그렇다면 이 어머니들의 기도는 남을 떨어지게 하기 위한 기도가 될 수도 있지 않겠는가? 참 아이러니한 일이다.

이럴 때 부처님과 예수님은 이 많은 어머니 개개인의 기도를 어떻게 다 들어 주실 것인가? 그러나 결과는 정해진 숫자

대로 합격, 불합격이 결정된다. 불합격된 어머니의 그 간절했던 기도도 지나고 보면 다 허사였음을 느끼게 될 것이다. 이것이 모든 어머니들의 기도에 대한 응답임을 진실로 깨닫기를 바란다.

지금도 학교 성적, 수능 성적이 부진함을 비관해서 스스로 목숨을 끊는 젊은이들이 생겨난다. "부모님 죄송해요, 사랑해요."라고 유서도 남긴다. 그렇게도 간절했던 어머니들의 기도가 "죄송해요, 사랑해요."라고 메아리 되어 오지 않는 세상이 언제나 오게 될는지……

반드시 대학을, 그리고 일류 대학만을 바라는 어머니들의 기도, 이제는 그만 멈추고 이렇게 다정스런 말로 격려를 해주면 어떨까?

"아들아, 딸아, 너의 능력에 맞는 학교에 가서 네가 하고 싶은 공부 마음껏 하고 네가 갈 길을 너 스스로가 개척해 나아가거라."

《에세이 21》 2006. 봄호.

4부

산책길에서
숙부님 전상서
구명난 새 옷
황금의 언어
치마저고리를 입고 뛴 남자
음주백태
하이칼라머리와 폭탄머리
하이! 하이!
부안 기행
마지막 2박 3일
김장

산책길에서

새벽이면 혼자 살며시 일어나 산책길에 나선다. 과중한 운동보다는 매일 30~40분 정도 걷는 것이 나이 든 사람의 운동으로는 퍽 좋다 하기에 나도 그렇게 실행에 옮긴 것이다. 그러다 보니 이젠 습관이 되어 하루라도 거르면 그날의 생활 속에서 무엇인가 빠진 것 같은 허전한 감이 든다.

내가 사는 곳은 지방의 중소도시여서 주거지에서 조금만 걸어나가면 드넓은 농경지가 바다처럼 시원스레 펼쳐진다. 좀 아쉬운 점은 산과 강이 없음이다. 그래도 여름철이면 봄에 심은 모 포기가 진한 녹색으로 온 들판을 물들이며, 가을철이 되면 벼이삭이 알알이 익어 황금 들녘의 정취가 마음을 넉넉하게 감싸준다. 그 드넓은 들녘과 도심 외곽을 시원스럽게 뚫고 나간 도로를 따라 새벽의 맑고 신선한 공기를 마시며 40

분 정도 산책을 하고 돌아오면, 몸도 개운하고 기분도 상쾌하며 아침 밥맛도 아주 좋다.

이젠 현직에서 은퇴하여 출근 시간에 얽매이지 않으니 아침 시간이 넉넉하고 업무에 쫓기는 일이 없어 여간 편안한 게 아니다. 몇 해 전까지만 해도 가볍게 산책을 하는 사람들을 보면 등산을 많이 하던 나로서는 산책이나 하는 정도는 별스럽지 않은 운동으로 여겨왔던 것이다. 그러나 나이는 어쩔 수가 없는가 보다. 지금은 높은 산의 등산은 전처럼 자주 하는 편도 아니지만 가능하면 피하고 싶은 심정이다.

요즘은 사람마다 건강과 취미 생활에 대한 관심도가 높아져서인지 등산하는 사람도 많아졌고, 이른 아침이면 공원이나 학교 운동장에서 운동이나 산책 등으로 몸을 단련하는 일이 일상화되어 있는 것 같다. 특히 등산을 하다 보면, 같은 등산인들끼리 우연히 만나는 경우가 있다. 이때는 서로 알고 모르고 간에 자연스럽게 인사를 나누며 스쳐 지난다. "수고하십니다." "정상이 얼마 안 남았습니다." 등, 가벼운 인사를 주고받으면서 힘든 산행에서의 고독감을 서로 위로하며 용기를 준다.

그러나 산책길에서 만날 때는 서로 아는 사람 이외에는 야속하리만큼 무관심한 표정으로 그냥 지나치고 만다. 험하고 깊은 산속 길처럼 고독감이나 힘이 들지 않아서일까? 산책길이지만 자주 만나 낯익은 얼굴임에도 서로 간에 간단한 인사의 말은커녕 표정의 변화조차 없다. 내가 그렇게 느끼거늘 상대편도 나와 똑같은 느낌이 아니겠는가.

그렇다면 왜 인사를 하는 데 그렇게도 인색하다는 말인가. 비록 평소 지면知面이 있는 사이는 아니더라도 서로 간에 나쁜 감정이 있지 않는 한 어느 쪽에서라도 먼저 가벼운 인사라도 하면 될 텐데, 왠지 그 마음의 문이 쉽게 열리지 않는 것이다. 때로는 내가 먼저 그렇게 하고 싶어도 이미 여러 차례 본 사람인지라 뒤늦게 인사를 한다는 것이 새삼스럽고 쑥스러운 생각이 들기도 하려니와, 또 섣불리 먼저 그랬다가 상대편에서 아무 반응이 없으면 그 무안함을 또 어찌 감당하나 하는 소심한 마음에서 그나마도 실행을 못하고 여전히 그냥 지나쳐 가곤 한다.

초면인 사람에게 먼저 인사를 하고 말을 건넨다는 것도 용기가 필요한 것 같다. 이것도 사람마다 타고난 성품인지라, 흔히 말하는 내향적인 성품인 사람은 그런 용기가 없다. 그러기에 대인관계에서 본의 아니게 소외되고 때로는 거만한 사람으로 오해를 받기도 한다.

동양 사람이 서양 사람에 비해 무표정하다고 한다. 이는 자기 감정을 되도록 겉으로 나타내지 않는 것이 미덕인 사회에 살아오면서 생긴 습성이 아닌가 한다. 그뿐만 아니라 모든 행동과 말까지도 조심해야 하는 것으로 어려서부터 가르침을 받아 왔다. 인사의 인색함도 이런 습성이 남아 있기 때문이 아닌가 한다.

어쩌다 길에서 낯모른 서양 사람과 눈이 마주치면 이 사람들은 으레 밝은 표정으로 고개를 꾸뻑하며 지나가는 것을 보게 된다. 처음에는 '참 별 싱거운 사람도 다 있네.' 하며 웃음도 나왔지만, 그네들의 인사 습성이 우리와는 다르다는 것을 이해하니, 이런 면에서는 우리의 무표정함이 오히려 부끄러운 감이 든다. 표정이 밝고 인사성 있는 사람이 누구에게나 호감을 받는다는 것을 알면서도, 나는 왜 먼저 그렇게 못하는 것일까?

육신의 건강을 위해 등산도 하고 산책도 한다면, 마음의 건강을 위해서도 어떻게 해야 하는지 생각해 볼 일이다. 산책길에서 만나는 평범한 사람들 간에 서로 반가움과 신뢰감을 주며 동시에 좋은 인상을 줄 수 있는 다정한 인사말 한 마디 먼저 못 건네는 이 옹색한 마음속에 무슨 건강이 깃들겠는가. 그러나 오늘 아침 산책길에서도 만나는 사람마다 여전히 그냥 지나치는 내 이 옹색한 마음을 자책해 보지만, 그 마음을 풀 용기가 나질 않는다는 것이 요즘의 내 고민이기도 하다.

《에세이문학》 2001. 겨울호.

숙부님 전상서

1945년 8월 어느 날, 우리 식구 모두는 숙부님만 만주 땅에 남겨 두고 도망치듯 고향으로 떠났습니다. 숙부님께서는 그때 이후 내내 이 땅에 홀로 남아 60년이 넘는 세월을 세상이 수없이 바뀌는 줄도 모른 채 지하에 계셨습니다.

떠날 때 아버님께서는 곧 돌아오셔서 숙부님을 고향으로 모시겠다고 하셨지만 뜻하지 않게 38선이 막히고 아버님 또한 고향에 오셔서 5년 만에 병환으로 돌아가셨습니다. 이어 남북 간에 전쟁을 치르고 통일도 안 된 채 휴전되어 분단 상태로 지금까지 자유롭게 오가지도 못하며 살고 있습니다.

다행히 지난 1992년 중국과는 국교가 이뤄져 자유롭게 내왕이 되고 있지만 어쩌다 보니 이제 와서야 숙부님 묘소에 찾아오게 되었습니다. 그런데 와서 보니 이 자리는 분명 숙부님 묘소였는데 주변에 다른 묘소들과 함께 다 없어지고 밭으로 개간이 되어 있군요. 마침 근처에 어느 중국인 농부가 있기에 물어보니 30년 이상 된 묘들에 대하여 일제히 파묘령이 내려져 오래전에 다 없어졌다는군요.

숙부님! 제가 이번에 이곳에 온 것은 숙부님 묘소를 찾아 시신을 거두고 유골을 고향으로 모셔가고자 함이었습니다. 저는 지금 분상도 묘비도 없는 이 자리에 앉아 허망한 마음으로 숙부님 생전의 모습과 어린 시절 이곳에서 살았던 추억들을 새겨 봅니다.

제가 만주 땅, 우리가 살던 임자두林子頭를 떠날 때는 열 살이었는데 저도 어느새 70이 넘었습니다. 60여 년 만에 어린 시절에 살았던 이곳 임자두를, 고향에 돌아오듯 설레는 마음으로 찾았습니다. 작은 시골 마을이어서인지 지금도 크게 변한 것이 없어 어린 시절의 추억들이 그대로 되살아났습니다.

제가 중국 아이들한테 '까올리팡쯔' 라고 놀림을 당하며 울고 있을 때 숙부님이 오셔서 중국 아이들을 호통을 치며 쫓아버리고 저에게 용기를 주셨던 일이 먼저 떠오릅니다. 그리고 숙부님과 함께 근처 집안(集安. 지안)에 있는 장군총과 광개토대왕비를 가 봤던 것도 생생하게 기억됩니다. 당시 청년이셨던 숙부님께서는 조카인 저를 무척 귀여워해 주셨고 어디든 잘 데리고 다녔던 것을 지금도 잊지 않고 있습니다.

그 당시는 잘 몰랐지만 학교에서 역사를 배우면서 바로 우리가 살았던 그 지역이 고구려의 옛 영토의 중심지였으며 아직도 많은 역사 유적이 남아 있음을 알았습니다. 어린 시절 숙부님 따라 가 봤던 장군총과 광개토대왕비에 대해서도 그때는 별 의미를 못 느끼며 봤지만 이제야 소중한 우리의 역사 유물임을 깨닫게 됩니다.

그런데 이제 와서 갑자기 고구려를 중국의 역사로 편입시키려는 중국의 속셈이 무엇일까요? 중국 사람들은 그 당시 이곳에 살던 우리들을 '까올리', '까올리팡쯔'라고 비하해 불렀습니다. 그 소리만 들으면 몹시 모욕감을 느끼며 그들 보고 '되놈'이라 부르며 맞서 싸우기도 했지요.

그러나 그 어원을 따지고 보면 '까올리'는 '고려高麗, 高句麗'의 중국 발음으로 '고구려'를 뜻하며 '까올리팡쯔'는 '고려방자高麗房子'의 중국 발음으로 '고구려집'이라는 뜻이지요. 다만 우리를 나라 잃은 백성이라고 멸시하고 비하해서 부르는 것뿐이기에 기분이 나빴을 뿐이지요. 결국 그들은 스스로가 그 땅이 본래부터 고구려 땅이고 그 땅에 고구려 후손들이 살고 있음을 인정하고 있음이 아니겠습니까?

숙부님! 지금은 중국 사람들이 우리 보고 '까올리팡쯔'라고 부르지 않고 깍듯이 '따한민꿔大韓民國', '한꿔런韓國人'이라고 부릅니다. 그것은 지금 우리 대한민국의 국력이나 국제적 위상이 높은 때문이겠지요. 그러나 이점이 바로 그들에게 위협으로 다가왔기 때문일는지도 모르지요. 만약 통일 한국이 되었을 때 그 광활한 고구려의 옛 영토의 영유권을 주장하고 나올 것을 우려해서 현재 동북공정을 펼치고 있는 게 아닐까요?

원래 중국인들이 의심이 많고 음흉하다고 하지 않았습니까? 청나라 말기에 우리의 주권을 강탈한 일제와의 '간도협약' 이라는 것을 통하여 북간도 땅을 거저 넘겨받고 도둑이 제 발이 저리다고 이제 와서 남의 나라 역사까지 왜곡 날조하여 영토의 욕심을 드러내고 있는 것이 아니겠습니까? 이제 우리 대한민국도 정신 똑바로 차려야 할 것 같습니다.

숙부님! 이제 숙부님의 시신은 영영 거둘 수가 없게 되었지만 숙부님의 혼백이라도 모시는 마음으로 숙부님께서 누워계시던 이 자리의 흙을 한 줌 담아 가고자 합니다. 떠나면서 제를 올리오니 흠향하옵소서.

(2005)

구멍난 새 옷

아이들이 새 옷이라고 사온 청바지를 보니 아무리 보아도 내 눈에는 새 옷으로 보이질 않았다. 분명 입을 만큼 다 입어서 더 이상 입을 수가 없게 되어 내버린 옷 같았다. 색깔은 거의 다 바래고 허벅지나 무릎 부분은 찢어지거나 큼직하게 구멍난 데가 있고 바지 끝단은 마손되어 너슬너슬했다. 새 천을 가지고 처음부터 교묘하게 그런 모양으로 만든 것인지, 아니면 입다 버린 것을 빨아서 상품으로 내놓아 취향대로 사 입도록 한 것인지는 확인해 보지 않아서 모를 일이다. 하지만, 새 옷값으로 사왔다 하니 상품 가치는 있다는 게 아닌가.

본래 청바지는 아메리카 대륙 개척 시대, 광산 인부들이 입던 작업복이었다고 한다. 푸른빛 능직의 무명베로 만들어진, 무겁고 두껍고 뻣뻣한 옷이 무엇 때문에 전 세계 젊은이들이 즐겨 입는 인기 있는 옷이 되었는지는 알 수 없는 일이다. 그러나 아쉽게도 나는 그 청바지가 이 땅에 퍼지기 전에 젊은 시절을 보냈으니 입어볼 기회가 없었다.

광부들의 애환이 서려 있었을 청바지가 지금은 애환은커녕 젊음의 낭만과 멋이 흠뻑 밴 꿈의 옷이 되었으니 참으로 격세지감隔世之感을 느낀다. 이 청바지 신드롬은 폐쇄 사회였던 공산국가에까지 번졌으니 가히 놀랄 만한 위력이 아닐 수 없다.

서양 사람들은 젊은이뿐만 아니라 남녀노소 계층 가릴 것 없이 자연스럽게 청바지를 생활복으로 즐겨 입는 것 같다. 우리나라에서도 간혹 청바지를 입고 다니는 멋쟁이 늙은이를 볼 수 있으니, 청바지는 이제 누구에게나 사랑받는 옷으로 자리잡은 것이다. 그런데 얼마나 정감 있는 옷이기에 실증을 못 느끼고 청바지의 생명인 푸른색이 다 바래고 무릎이 뚫어지고 찢어지고 넝마가 되어도 버리지 않고 오히려 더 그런 모양에서 정과 멋을 느끼며 속살을 드러내 보이면서까지 입고 다니는가.

지금은 '거지'를 거의 볼 수 없지만, 8·15 해방직후나 6·25 전후해서 거지가 많았던 시절이 있었다. 그 거지들의 복색이 오늘의 구멍난 청바지와 무엇이 다르랴. 거지는 일부러 남루한 복색을 해야 동정심을 유발시켜 동냥을 하는 데 효과적이어서 그랬지만, 웬만한 가정에서는 입다 해진 옷은 반드시 꿰매고 깁고 수선을 해서 입었다. 이렇게 해서라도 구멍 난 옷은 절대 입으려 하지 않았다.

옛날 신라시대에 살았던 백결百結 선생 이야기가 떠오른다. 그는 청렴하고 가난한 선비로서 가세가 빈곤하여 늘 누더기 옷을 입고 다녔는데 그 옷을 백 번이나 기웠다고 해서 사람들이 그를 백결 선생이라고 불렀다 한다. 그러나 그는 가난을 탓하지 않았으며 스스로 거문고를 즐겨 켜면서 인생의 희로애락을 달래가며 결백하게 살아갔다. 세모가 닥치자 이웃집에서는 떡 방아 찧는 소리가 들리는데 선생의 집안에서는 여의치 않아 아내가 가난을 상심하자 선생은 거문고로 떡방아 찧는 소리를 연주하여 아내를 위로하여 주었다는 가슴 뭉클한 일화도 전해진다. 그때의 음악이 후세에 〈방아악〉이라는 이름으로 전해오는 것이다.

그 옛날 백결 선생이 백 곳이나 기운 헌 옷을 입고 가야금을 연주하던 모습과 구멍난 청바지를 입고 기타를 연주하는 오늘날의 젊은이와 비슷한 면모가 있는 것을 본다. 비록 살았던 시대는 다르지만, 낡은 헌옷에 현악기가 너무도 일치하지 않는가. 그렇지만 백결 선생의 백결 옷은 어쩔 수 없는 가난이 찌든 옷이요, 오늘날 젊은이의 청바지는 여유 있는 삶 속의 멋이 밴 옷이다. 가난에 찌들어 못살던 시절에는 어쩔 수 없이 구멍난 옷을 기워 입어야 했지만, 입고 싶어 입은 옷은 아니었다. 그러나 오늘날 풍요로운 산업 사회에 와서는 새 옷과 헌옷의 인식부터가 달라졌다. 기워 입던 절약형 옷은, 여러 색상과 문양의 천 조각으로 연결하여 미적 감각을 살린 멋진 디자인의 옷이 되고, 구멍난 옷은, 구멍난 속으로 비치는 살갗과 어울려 그 자체가 하나의 디자인이며, 젊은이들의 발랄함과 자신감을 나타내 주는 것이 아닌가.

어린 시절, 새 옷이 입고 싶어서 입고 있던 옷에 약간 흠집이 난 부분을 일부러 더 확대시켜 억지로 구멍을 내는 자작극을 연출하다가 옷을 험하게 입는다고 오히려 부모님한테 심한 꾸지람을 들었던 때를 생각해 본다. 그러나 지금은 구멍난 청바지를 새 옷으로 사다 입는 아이들을 보고 나는 옛날 나의 부모님처럼 왜 심한 꾸지람을 못하는 것일까? 사소한 일이지만 급격히 변해 가는 이 시대에 살면서 많은 것을 생각하게 한다.

《에세이문학》 2001. 여름호.

황금의 언어

할아버지가 주머니 사정이 넉넉해서 어린 손자에게 과자 값을 잘 줄 때는 "할아버지 짱이야!"라고 하고, 주머니 사정이 궁해서 과자 값을 못 줄 때는 "할아버지 꽝이야!"라고 한다. 과자 값 주고 안 주고에 따라 할아버지는 '짱'이 됐다, '꽝'이 됐다 오락가락한다. 할아버지의 상식으로는 '짱'이나 '꽝'은 유리창이 깨지거나 천둥 번개 칠 때 나는 소리로 알고 있을 것이다.

그렇다면 '짱'은 무엇이고, '꽝'은 무엇인가? 물론, 근래에 생겨난 신조어들이다. '짱'은 최고라는 칭송의 표현이요, '꽝'은 아무것도 없는 빈털터리라는 실망의 표현이다. 이런 신조어나 신조어로 구성된 문장이나 언어는 국문학자들도 해독이 어려울 것이다. 그러나 요즘 젊은이들이 빠른 솜씨로 자판을 처가며 주고받는 전자우편이나 휴대전화에서는 이런 문장이 교과서처럼 통하고 있는 것이다. 외래어는 또 어떤가? 일상 대화 속에서나 신문 방송, 잡지 서적 속에서 외래어가 섞이지 않은 데가 없다. 상대적으로 시대감각이 둔한 구세대들은 자연 문맹 아닌 문맹이요, 청맹 아닌 청맹이 될 수밖에 없다.

과테말라에서 열리는 국제올림픽기구 총회에서 2014년 동계올림픽 개최국을 선정하는 데 '프레젠테이션' 이라는 순서가 있는 것 같다. 현지에 파견된 우리 기자들이 보도하면서 한결같이 '프레젠테이션' 이라는 용어를 썼다. TV를 시청하는 국내 시청자들 중에서는 혹시나 무식하다는 소리를 들을까봐서 알은 체하며 고개만 끄덕거리는 청맹 시청자들도 꽤 있었을 것이다.

세상이 이렇게 예고도 없이 급속도로 변해가고 있으니 이 시대에 살면서 '~맹盲' 자 신세를 면하려면 싫든 좋든 컴퓨터도 해야 하고 영어도 해야 할 수밖에 없다.

며칠 전 '워싱턴포스트' 지에서 한국에서는 지금 영어가 '황금의 언어' 가 되었다며 영어에 광풍이 일고 있다고 했다. 영어를 완벽하게 해야 장래가 보장되기 때문에 자녀들을 미국에 어학연수나 유학을 보내느라 막대한 돈을 쓰고 있다고 꼬집었다.

영어 교육을 위해 곳곳에 세워지는 '영어마을', 학교나 학원에서 영어 원어민 교사채용, 지망자가 차고 넘쳐 원서도 제때 접수를 못하는 '토익시험', 너도 나도 보내는 조기유학, 어학연수 등, 이에 이르니 영어는 가히 '황금의 언어'라 아니할 수 없다.

이런 중에서도 매주 월요일 저녁, KBS-1TV에서 진행하는 '우리말 겨루기'와 낮 12시 뉴스 직전에 하는 '우리말 바른말'이야말로 우리말 지키고 가꾸는 데 더없이 좋은 역할을 하고 있다.

득어망전得魚忘筌, 고기를 잡고 나서 통발을 잊어버리고 만다고 했다. 남의 나라 말보다도 우리말부터 먼저 '황금의 언어'를 만들어야 하지 않을까?

《수필실험》 2007. 2호.

치마저고리를 입고 뛴 남자

지금은 없어졌지만 예전엔 정오만 되면 어김없이 사이렌이 요란하게 울려 퍼졌다. 왜 정오 사이렌을 울렸는지는 잘 모르겠으나 그 시대는 시계 가진 사람이 요즘처럼 많지 않았기에 낮 한때라도 시간의 흐름을 알리기 위함이 아니었나 여겨진다.

무심코 있다가도 정오 사이렌이 울리기만 하면 "오정 분다, 점심 먹자."라는 소리가 자연스럽게 나오곤 했다. 자정이 되면 또 어김없이 사이렌이 울려 한밤중의 정적을 깨며 공포심마저 불러일으켰다. 이 자정 사이렌은 6 · 25 전쟁 이후 야간 통행금지를 알리는 신호였다. 이 야간 통행금지는 1980년까지 이어오다가 전두환 정권 시절에 폐지되었다.

통금을 알리는 자정 사이렌은 특히 술꾼들에게 곤혹이 아닐 수 없었다. 퇴근하면서 몇 술친구들과 어울려 대폿집에서부터 시작한 술기운이 황홀경에 이르면 의기투합해서 2차로 진입하게 된다. 2차에서 신선지경에 이를 때쯤이면 어김없이 자정 사이렌을 울린다. 이 사이렌 소리를 신호로 전등불이 꺼지고 사람들의 발길도 끊긴 컴컴한 거리에는 순찰대원들이 여기저기서 호루라기를 불어대며 자못 공포 분위기를 조성한다. 술꾼들은 순찰대들을 피해 골목길을 누비면서 숨바꼭질을 한다. 요행으로 추격자를 따돌리는 수도 있지만, 재수없이 붙잡히기라도 하면 파출소에 끌려가 야간통행금지 위반으로 조서를 쓰고 다음날 즉결 재판을 받고 대부분 벌금을 물고 나온다. 나에게도 한두 번 전력이 있는데 그 중에서도 잊지 못할 추억이 하나 있다.

어느 화창한 봄날, 이날이 마침 공휴일라 그 전날 저녁 직장의 상사분과 함께 외지로 가벼운 여행을 떠났다. 이분과 나와는 평소 각별한 정을 나누며 지내는 터라 가끔씩 은밀히 술자리를 하곤 했다. 이날도 외지이고 기분도 고조된 상태라 부담 없이 밤 늦도록 술을 마셨다. 다음날 느지감치 일어나 쓰린 속을 달래고자 해장술을 마신 것이 발동이 되어 다시 어느 '옥' 자 붙은 술집으로 자리를 옮겼다. 한복 곱게 차려입은 도우미 아가씨도 들어와 술시중도 들고 상모서리에 젓가락 장단을 치며 노래도 부르면서 한참 주흥에 젖어 있었다.

상사인 이분은 주기가 어느 정도 오르면 옆에 있는 도우미

아가씨의 치마저고리를 자신의 옷과 바꿔 입고 일어서서 민요가락에 맞춰 춤을 추는 별난 취미를 가지고 있었는데 이 단계에 이르면 이분은 마치 신선이 된 양 무아지경에 이른다. 이런 절정의 순간 난데없이 사이렌이 울렸다. 그러자 이 순간 눈을 지그시 감고 춤에 도취되어 있던 이분이 "앗, 통행금지다!" 라고 외마디 소리를 남기고 치마저고리 차림새에 신발도 못 신은 채 밖으로 황급히 뛰어나간 것이다. 나도 정신없이 뒤따라 나갔다. 바깥에는 한창 봄기운이 무르익은 대명천지였다. '아차, 이 일을 어쩌나!'

이분은 자신의 몰골이 어떤 상태인 줄도 모른 채 인도를 정신없이 뛰고 있었다. 영문도 모르고 따라 나온 주인은 술값 안 내고 도망친다며 쫓아가더니 결국 잡아끌고 돌아왔다. 무슨 도둑이라도 잡은 양 흥분한 주인을 진정시키며 저 분이 약주가 취해서 오정 사이렌을 통행금지 사이렌으로 착각을 하고 집에 간다고 달려나간 것 같으니 양해하라고 내가 사죄를 하고 나서야 진정이 되었다.

백주에 낯 뜨거운 해프닝을 마치고 술집에 돌아와서도 사태 파악을 못한 채 이어 깊은 잠에 빠져들었다. 주인과 나와 도우미 아가씨들은 이 보기 드문 해프닝을 보고 한바탕 웃고 말았다. 요즘 같았으면 특종기삿감이었을 것이다. 그곳이 타고장이어서 아는 사람이 없어 망정이지 내 고장에서 그랬다면 이 얼마나 망신스런 일이었겠는가?

상사는 선경에서 환생한 듯 저녁나절 잠에서 깨어났다. 불과 몇 시간 전에 자작 연출을 했던 그 해프닝을 전혀 모르는지 작취미성 상태에서 아침 시간인 줄로 착각을 하고 출근을 서둘렀다. 나는 오후 시간임을 확실하게 인식을 시켜드리고 우선 목욕탕을 찾아가서 목욕을 한 후 어느 조용한 식당으로 가서 저녁식사를 하며 자초지종을 설명했다. 내 설명을 듣는 순간 상사의 얼굴은 사색이 되었다. 우리 둘은 이 사건을 무덤에 갈 때까지 비밀로 하자고 굳게 다짐을 했다.

얼마 후 그분과 나는 직장을 옮기며 헤어지게 되었다. 들리는 소문에 오래전에 퇴직을 하고 병고로 고생을 하신다고만 들었는데 얼마 전 부음이 전해왔다. 나는 빈소에 달려가 그분의 영정 앞에 분향하고 머리 숙여 명복을 빌면서 문득 그때 일이 떠올라 속으로 웃었다. 지나고 보니 그것도 유쾌한 추억 같아 선배님의 작고가 더욱 아쉽다.

《수필실험》 2007. 2호.

음주백태飮酒百態

술은 잘 마시면 약이 되고 잘 못 마시면 독이 된다고 한다. 이처럼 술은 양면성을 가지고 있다. 술을 마셔서 답답하고 울적했던 마음이 풀리고 또 혈액순환이나 소화기능도 촉진시켜 준다는 의학적 근거가 있기에 약이라 한 것일 게다. 그러나 술에 의해 정상적인 정신기능을 잃고 난폭성과 추태를 보임으로써 정신적으로나 육체적으로 황폐화되고 돌이킬 수 없는 중병이 들어 결국 죽음에 이르게 됨은 그게 바로 독이 아니겠는가.

결과적으로 약이 되느냐, 독이 되느냐는 마시는 양과 습관에 달린 것이다. 차를 마시는 데도 도가 있듯이 술을 마시는 데도 법도가 있다. 세종대왕께서 내린 계주교서誡酒敎書에는 유시계酉時誡, 현주계玄酒誡, 삼배계三杯誡의 삼계三誡가 있다.

술은 저녁 6시酉時에 마실 것과, 맑은 물과 함께 마실 것과, 석 잔만 마실 것을 지키게 한 것이다. 즉 낮에는 술 마시지 말고 일에 열중할 것이며, 물과 함께 마심으로써 취하지 말 것이며, 석 잔 이상 과음하지 말 것을 경계한 것이다.

술은 과음하면 취하게 마련인데 취하는 단계를 네 가지로 분류한 게 있다. 그 1단계는 해구解口요, 2단계는 해색解色이요, 3단계는 해원解怨이요, 4단계는 해망解忘으로 이런 단계로 술이 취하다 보면 뒤끝은 좋을 리가 없다.

친목단체에서 모여 회식을 하거나 관광이라도 가서 술판이 벌어지다 보면 우선 해구단계에 드는데 입이 풀려 저마다 속에 숨어 있던 말들이 터져 나오기 시작해서 삽시간에 도떼기 시장판처럼 떠들어댄다. 남의 말은 듣지도 않고 자기소리만 낸다. 이래서 소음이 커지다 보면 청각이 둔해져 점점 더 성량을 확대시킨다. 인심 좋게 술잔을 주고받으며 계속 돌아가면서 2단계 3단계 4단계까지 이르면 난장판, 싸움판이 되고 만다. 이쯤 되면 평시에 고매했던 인격이나 체면 따위는 찾아볼 수가 없다.

취한 후에 나타나는 주성酒性은 사람에 따라 각기 다른데 다음과 같은 다섯 유형이 있다 한다. 즉 주객酒客, 주사酒士, 주성酒聖, 주신酒神, 주선酒仙이다. 주객은 취하면 남과 싸우는 사람이요, 주사는 잔소리로 일관하는 사람이요, 주성은 술을 음미하며 그 분위기에 젖어 평화스런 모습이 되는 사람이요, 주신은 밤새워 끝없이 마시는 사람이요, 주선은 구름 속에 학과 노닐며 스스로 신선이 된 착각 속에 빠지는 사람이다.

술은 우리 인류와 함께해온 불가분의 음식이다. 신과 조상에게 제사祭祀를 드릴 때는 반드시 술을 올리고 또 제사 후에는 그 술을 음복함으로써 신과 조상으로부터 복을 받는다고 여긴다. 그래서 술은 영혼과 교신하는 성스런 음식이기도 한 것이다.

세상에 많은 애주가들이여!

진정한 애주가라면 최소한 세 번째, 주성酒聖 정도는 되어야 하지 않을까 한다.

하이칼라머리와 폭탄머리

가끔씩 지난 일을 떠올리면서 혼자 웃을 때가 있다.

젊은 시절 내 머리카락은 유난히 굵고 뻣뻣한 데다 숱이 많아서 내 의도대로 빗어 넘길 수가 없었다. 이발소에서 이발을 하고 나서는 이발사에게 맡겨 고대로 열을 가해서 꺾어 넘기고 거기다 점도가 높은 포마드를 발라서 빗어야 겨우 하이칼라 머리가 되었다. 그러나 번번이 그렇게 할 수도 없어 집에서 머리 감고 나서는 머리를 뒤로 넘기기 위해 수건으로 싸매거나 털실로 짠 모자(빵모자)를 눌러 쓰고 한참을 있어야 했다.

게다가 워낙 머리숱이 많은지라 이마도 좁아서 틈만 있으며 거울 앞에 앉아 족집게로 앞이마의 머리털을 뽑아내곤 했다. 그 당시는 남자는 앞이마가 넓어야 도량도 넓어 큰일을 할 수 있다고 해서 남자들 세계에서는 하이칼라 머리에 적당한 대머리를 선호하기도 했다.

하이칼라란? 머리털을 머리의 아랫부분만 돌려서 조발을 하고 위 머리털을 길러서 포마드를 바르고 가르마 타서 잘 빗어 넘긴 서양식 머리형이다. 그 당시는 이 하이칼라가 멋쟁이 머리요 표준형이었다.

그런데 요즘은 젊은이들의 머리형은 어떤가? 길지도 짧지도 않게 깎아서 제멋대로 하늘로 뻗치게 하고 거기다 무스를 발라 빳빳이 세운, 이른바 '폭탄머리'이다. 마치 폭탄 맞아 흩어진 것 같다 하여 폭탄머리라 한 것 같다. 결혼식장에 나온 신랑의 머리도 그렇고 TV에 나오는 젊은 방송인, 연예인들의 머리도 그렇다.

세월은 가는 줄 모르게 흘러가는 것 같아도 그 흐름 속에서 사람들에게 의식이나 생활양식에 많은 변화를 주며 가는 것 같다.

내가 하이칼라 머리를 하고 다니면서 상투머리를 한 어른들을 이상스레 보았고 또한 지금은 폭탄머리의 멋을 잘 못 느끼듯이 지금의 폭탄머리 젊은이들이 나의 하이칼라 머리가 정겹게 보이겠는가?

대한제국의 고종황제가 일제에 의한 개혁세력의 압박에 못 이겨 상투를 자르고 하이칼라를 하면서 단발령을 내렸을 때 전국의 선비들이 반대를 했고 더러는 자결을 하기도 했다

한다.

지나고 생각해 보면 세월의 흐름과 시대의 변화 앞에는 별수가 없는 것, 탓하고 고집 부리고 함이 다 부질없는 일인 것 같다.

하이! 하이!

하이! 하이!

일본 가는 비행기 안에서 어린 시절 중국에서 살았던 기억을 떠올렸다. 그것은 일본에 간다는 기대 때문에 일본에 관한 무엇 한 가지라도 내 기억 속에서 찾아보려는 데서였다. 중국에서 내가 살던 곳은 면소재지 정도의 시골이었으며 그곳에는 많지는 않았지만 일본 사람들도 살았었다.

그곳에서 내가 소학교(초등학교) 1학년 때쯤으로 기억된다. 나는 일본 사람 가정에 가서 며칠간 묵게 되었는데 요즘으로 따지면 '홈스테이'라고나 할까? 또 내 또래의 그 일본 집 아이는 우리 집에 와서 동시에 같은 기간 동안에 있었다. 어른들이 그렇게 하라니까 영문도 모르고 상대편 아버지를 따라 갔었을 뿐이다. 양가 아버지들은 평소에도 서로 교분이 두터웠던 사이였던 것 같았다. 그러나 나로서는 친척도 아닌 낯선 일본 사람 가정에서 난생처음 지낸다는 것은 그렇게 마음 편한 것은 아니었다. 그때 7세 어린 나이였지만 일본 사람 가정에서 지냈던 기억 중에 지금까지도 생각나는 것이 있다. 그것은 친절하고 절도 있는 인사 예법, 철저한 청결과 위생 관념, 각자가 먹을 만큼 떠다 먹는 식사법, 창문만 많고 온돌방도 아닌 다다미방에서 춥게 지냈던 것, 그집 어머니가 남편 앞에서 무릎을 꿇고 시녀처럼 처신하는 모습 등이다. 그 당시는 아버지들이 왜 어린 자식을 며칠 동안이나마 서로 바꿔서 지내게 했는가를 잘 몰랐지만 지금 생각하면 여러 가지 의미가 담긴 의도적인 체험교육이었던 것으로 여겨진다.

일본에 관한 이런 기억들을 떠올리며 혼슈 지방 북쪽 바닷가에 위치한 센다이 공항에 도착했다. 이로부터 33인의 문우들과 함께 3박 4일간의 일본문학기행이 시작되었다. 일본이 자랑하는 동화작가 미야자와 겐지(宮澤賢治), 시인 다카무라 코다로(高村光太郎), 이시카와 다쿠보쿠(石川啄木) 이 세 작가의 연고지인 이와테현 중서부에 위치한 하나마키시와 모리오카시를 버스로 순방했다. 낮에는 이들 작가들의 생가나 기념관을 돌아보고 저녁엔 호텔에 투숙하는 단조로운 여행이었다. 이 지역은 예로부터 농업 지역이라 한다. 그래서인지 주행 중에는 차창 너머로 전개되는 산과 강이 어우러진 자연 풍광과 논이 있는 들녘에 띄엄띄엄 있는 농촌 마을 풍경이 자주 시야에 들어왔다.

여행 목적은 문학 탐방이었지만 일본을 처음 가 보는 나로서는 어린 시절에 체험했던 기억 속의 일본 사람들의 모습을 되찾아 보려는 심정이 더 앞섰다. 여행 중 가는 곳곳에서 비록 단편적이긴 하지만 내 기억 속에 남아 있는 일본 사람들의 모습을 쉽게 찾아볼 수가 있었다. 먼저 친절성이다. 말끝마다 "하이! 하이!" 대답을 연발하며 허리까지 굽혀가며 정중하고도 친절한 인사를 한다. 이런 인사는 마음으로부터 우러나서이기보다는 일상생활 속에서 그렇게 익혀진 것 같다. 그리고 청결과 질서의식이다. 차창 너머로 보이는 농촌 마을 주택들은 거의 비슷한 구조이며 집과 집 사이도 직선으로 경계가 되고 대지도 네모 반듯 했다. 면도를 한 듯한 깔끔한 산-울타리와 각색 꽃이 핀 예쁘게 가꾼 꽃밭, 어디 한 군데 어지럽혀진 곳 없이 깨끗하고 아름답게 단장된 모습이 마치 군부대에서 내무사열 준비를 완료해 놓은 듯했다. 농사일도 바쁘고 피곤할 텐데 언제 저렇게 미화정돈을 하고 살 수가 있을까? 그저 놀라울 뿐이었다. 거리에도 쓰레기가 쌓여 있거나 휴지나 담배꽁초가 떨어져 있는 것도 별로 눈에 띄지 않았다. 보도도 블록이 깨져 나가거나 울퉁불퉁 불량한 곳도 거의 없었다. 어디를 봐도 잘 다듬고 고른 솜씨다. 식당의 상차림도 우리와는 좀 달랐다. 음식의 내용은 우리와 크게 다를 게 없지만 특이한 점은 숟갈을 거의 쓰지 않고 주로 젓가락을 사용했다. 밥이나 국은 먹을 만큼 작은 그릇에 담아다 먹고 반찬은 인색할 정도로 소량씩 개인별로 작은 접시에 담겨져 있어서 자기 것은 자기만 먹게 되어 있다. 이렇게 먹다 보니 남기는 음식이 있을 수 없고 위생적이다.

이토록 매사에 어느 한구석이고 허점이 없고 너무 완벽하게 보이다 보니 가까이 다가가고 싶은 정감보다는 오히려 얄미운 마음이 들 정도다. 일본 사람들의 섬세한 성품으로 매사를 그냥 두고 보지 않고 끝없이 갈고 다듬고 해서 결국은 의도한 대로 만들어 그들의 직성을 풀어내는 모습을 보면서 전율마저 느끼게 한다. 그에 비해 그저 두고 보며 어딘가 무감각하리만큼 넉넉한 마음으로 살아가는 우리의 모습을 볼 때 이들과는 이웃나라이지만 너무도 다른 성품상의 차이가 있음을 느낀다. 우리의 무감각한 듯하면서도 넉넉함과 일본 사람들의 예민하고 인색함의 결과에서 드러나는 외형상의 차이는 있지만 결코 우열의 차로 보고 싶진 않다.

나는 돌아오는 비행기 안에서 어린 시절 중국에서 살 때 일본 사람 가정에서 며칠간 보내면서 느꼈던 그 기억을 떠올리며 예나 지금이나 본질적으로 변한 게 없는 일본 사람들의 심성과 행동 양식을 예사롭지 않은 마음으로 다시 한 번 되새겨 보았다.

(2005)

부안 기행

내가 수필산책문학회원이 된 지도 햇수로는 5년이나 되지만, 회원님들과 같이 문학기행을 다녀온 것은 이번이 처음이다. 하지만 나로서는 문학기행이라기보다는 가는 그곳의 아름다운 풍광이나 역사 문화 유적을 포괄적으로 답사하고자 하는 마음이 더 앞섰다.

이번 목적지는 국립공원으로 지정되어 있는 전북 부안군 변산반도였다. 1박 2일간의 짧은 일정이었지만, 공직에서 은퇴한 지 얼마 안 된 나로서는 자유롭고 시간의 여유가 많아 일정에 상관없이 넉넉한 마음이었다. 내가 변산반도에 간 것은 이번이 두 번째이지만 채석강이나 적벽강 그리고 해수욕장을 다녀왔을 뿐이었다. 그래서 오후 일정에 들어 있는 내소사에 더 관심이 있었다. 특별히 우리를 위해 이 고장 문협회

장님과 관광 안내사님이 나와 우리를 반가이 맞아 주셨고 안내사님은 우리와 함께 동승하여 이 고장 명소를 자세히 설명해 주셔서 변산에는 바다 쪽 내변산과 내륙 쪽 외변산이 있음을 새삼 알게 되었다.

바닷가로 난 2차선 포장도로 산비탈을 굽이굽이 돌며 달리는 차창 너머로 오른편으로는 시원한 바다와 왼편으로 수려한 산 경치에 도취된 채 버스는 어느새 내변산 쪽으로 들어서 내소사에 당도했다. 우리나라 대부분의 사찰이 산세 수려하고 우거진 숲과 계곡이 어우러진 천연의 신비를 간직한 명당에 있듯이 처음 와보는 내소사 역시 깎아 세운 듯한 기암을 병풍처럼 두르고 빼어난 경치와 어울려, 탄성이 절로 나올 정도로 아름다웠다. 자연석으로 쌓은 축대 위에 세워진 대웅보전은 보물 제291호로 지정된 백제 고찰인데 단청이 거의 다 지워져 화려하진 않았지만, 조금도 기운 데 없이 반듯하고 단아한 모습의 아름다움을 그대로 지니고 있었다. 왜 단청을 퇴색한 채 그대로 두었을까? 하여 옆에 있던 조예가 깊은 오병훈 선생에게 물으니 섣불리 단청을 했다가 본래의 단청에 미치지 못할 우려가 있기 때문이 아닌가 하는 견해였다. 그리고 주차장에서 사찰 입구까지 약 600여 미터에 이르는 진입로 길가에 우거진 전나무와 적송의 숲이 하늘을 덮은 그 장관 또한 눈길을 끌게 했다.

다시 해안 도로를 따라 되돌아오면서 오병훈 선생의 설명으로 길 옆 산속에 군락을 이루고 있는 천연기념물인 '호랑가시나무' 라는 처음 들어보는 재미있는 이름의 천연기념물 숲이 이곳에 있음도 알게 되었다. 우리는 잠시 염전과 젓갈로 유명한 곰소에 들려 바닷바람도 쐬고 여러 가지 젓갈 맛도 보았다.

어느새 오후 6시가 훨씬 넘었다. 구름은 시커멓게 하늘을 뒤덮었다. 유명한 서해 낙조를 볼 절호의 기회를 포기해야 하는가 했는데 우리가 숙박을 해야 할 격포항에 이르니 일모가 진행되는 서쪽하늘의 구름이 벗겨지면서 붉은 태양이 수평선 위에 뚜렷이 그 모습을 드러내 놓고 있지 않는가. 버스에서 내리자 우리는 모두 이 낙조를 보고자 방파제 끝까지 몰려 나갔다. 낮에 눈이 부시게 비치던 황금의 빛은 다 어디 가고 붉고 둥근 모습만, 온통 주변을 붉게 물들인 채 멀리 수평선 바로 위에서 우리들을 바라보고 있지 않는가. 한 줄기 빛이 바닷물을 가르며 일직선으로 우리 앞으로 뻗어 왔다. 태양은 서서히 수평선 밑으로 내려앉으며 주변을 더욱 붉게 물들인다. 너무도 조용하고 평화로우며 신비감마저 감돈다. 수평선 밑으로 조용히 스러져가는 마지막 모습까지 지켜보면서 이제 나에게도 곧 저런 종말이 올 것을 생각하며 숙연한 마음으로 발길을 돌렸다. 태양은 스러져갔지만, 붉게 물든 서쪽 하늘의 아름다운 노을은 한동안 가시질 않는다.

격포항에서 아쉬운 1박을 하고 돌아가는 둘째 날, 짜여진 일정대로 내변산, 외변산을 오가며 어제 못 가 본 명승고적, 문화유적, 문학인들의 유적지를 선별해서 일곱 곳을 탐방했다. 특별히 이번 기행이 문학기행인 만큼 이 고장 태생인 조선조 선조 때의 여류시인 이매창의 묘가 있는 매창공원을 빠뜨릴 수가 없었다. 부끄러운 얘기지만 나는 기생 출신 시인하면 황진이 정도나 알고 있었지 이매창이란 또 다른 기생 출신 시인이 있었다는 것도 이번 기행 중에 비로소 알게 된 것이다. 비록 기녀의 신분이지만 타고난 시성은 그를 무명의 부녀자로 두질 않았다. 시와 가무, 거문고까지 능한 당시 부안의 명기로서, 또 한편 정절의 여인으로, 정과 재주가 많은 여인으로, 400여 년에 이르는 지금까지 이 고장 사람들의 사랑을 받아오고 있는 것이다. 현재 그의 묘역은, 그를 아끼고 문화예술을 사랑하는 이 고장 사람들의 뜻과 정성을 모아 공원으로 단정하게 조성되어 있으나 본래는 공동묘지로 매창이뜸이라고 부르던 곳이라 한다. 새로이 잘 단장된 그의 무덤 앞에는 그 옛날 그를 좋아하는 일반인들이 그가 죽은 지 45년 후(1665년)에 세웠다는 풍화가 많이 된 작은 묘비석과 비문의 자획이 오랜 세월의 풍우 속에 너무 마모되어 1917년에 새로 세운 묘비가 또 하나 있었다. 미리 주과포라도 준비를 했었더라면 우리 수필산책회원 일동이 제라도 올렸으면 좋았을 것을 하는 아쉬움이 남는다. 그가 죽은 지 58년 후, 그가 남긴 수백 편의 시들 중 57편을 부안 아전들이 모아 목판에 새겨

《매창집》을 간행하였다 하니 신분을 초월한 한 인간으로, 문학가로 당시 부안 고을 사람들에게 얼마나 감동을 주었는지 짐작이 가고도 남는다. 오늘의 마지막 코스인 신석정 시인의 고택, 청구원을 양규태 회장님의 안내로 방문했다. 이 조그마한 초가삼간 안에 걸려 있는 그의 사진을 보면서 그가 타계한 지 불과 28년 전인지라 아직도 그의 체취가 남아 있는 것 같았다. 언제나 고향을 가슴에 지니고 고향에서 문학의 뿌리를 내리고 후진양성과 향토문학 창달을 위해 살다간 시인, 그러면서도 그는 우리나라 시문학사에 크게 공헌을 했다.

마지막까지 우리를 친절히 안내해 주며 열심히 설명해 주신 양규태 부안 문협회장님께 감사를 드린다. 부안을 떠나면서 산과 바다의 아름다움의 조화를 이룬 변산 자연의 두 얼굴과 문화예술을 사랑하고 특히 앞서 가신 문학인과 학자들의 얼과 자취를 계승 보전하며 고향을 사랑하는 부안 사람들의 두 마음, 그것이 가슴속에 긴 여운으로 남는다.

《물사랑문학》 2006.

마지막 2박 3일

여행 일정으로 2박 3일을 많이 택한다. 당일이나 1박 2일은 너무 짧은 것 같고, 3박 이상의 일정은 좀 긴 것 같아, 그 중간형으로 무난하게 여기기 때문일 것이다.

그런데 이 2박 3일이 무슨 운명의 숫자인 양, 죽어서 이승에서 마지막 머물다 가는 일정도 거의 2박 3일이다. 상가喪家에서는 이를 3일장이라 한다. 전에는 이 3일장이 집에서 치러졌지만 요즘은 거의 병원 영안실이나 장례식장에서 치러진다. 장례를 집 밖에서 치르는 것은 객사의 경우밖에 없었다. 그런데 좀 역설적이지만 요즘은 집에서 죽은 사람도 객사로 취급당하는 격이 된 셈이다. 어찌 보면 저승길을 떠남에 앞서 이승에서의 마지막 2박 3일간의 여행길이 아닌가 싶다. 이 기간 중 줄 이은 조문 예방과 가족들의 호곡 속에 정중한 장례를 치르지만 죽은 사람이야 무엇을 알겠는가. 시신은 거친 삼베 수의를 입고 결박당한 몸으로 관 속에 누워 어둡고 차디찬 냉장실 속에 갇힌 채 3일간을 보내다가 마지막 날 비로소 풀려나와 장의차에 실려 묘지나 화장장으로 간다.

나는 최근 어느 장례식에 참석했다가 화장장과 납골당까지 따라간 적이 있었다. 시신은 섭씨 1,000도나 되는 화장실火葬室 속에서 한 시간여 만에 몇 조각의 백탄이 되어 나와서는 다시 분쇄기에 들어가 잠깐 사이 한 줌의 재가 되어 유골함에 담겨졌다. 유골함을 안치할 납골당이 있는 곳은 경기도 안성 땅, 어느 나지막한 산속 외지고 적막한 곳인데, 석재로 아름답게 잘 지어진 건물이었다. 그 이름도 '유토피아'로, 망자의 집과 잘 어울리는 이름이었다. 넓은 현관 로비에서부터 1층, 2층 복도를 따라 개방형으로 된 각 실의 안치단(유골함을 안치한 장)들을 돌아보았다. 안치단은 앞 면적이 4방 30cm 정도의 4각의 작은 칸으로 상하 좌우로 이어진 장欌처럼 된, 마치 미니 아파트와 같았다. 이 안치단은 상층 일반단 · 하층 일반단 · 중층 일반단 · 부부단 · 지하단 등 차등이 있었는데 하층 · 상층은 저가이고 중간층 · 부부단 · 지하단은 고가이다. 이곳도 산 사람들의 아파트처럼 층별로, 단별로, 가격차가 있으니 저승살이도 결코 평등한 삶은 아닌 것 같다.

전에는 거의 매장을 했지만 요즘은 산 사람의 땅이 줄어든다고 해서 그것도 제한을 많이 받는다. 그렇다면 화장해서 한 줌 남짓한 재를 강물이나 산에 뿌렸으면 좋으련만, 그것은 또 환경을 오염시킨다 해서 금지가 되었으니 어쩔 수 없이 납골당으로 가는 수밖에 없지 않은가. 매장보다는 비교적 저렴하다는 납골당이지만 안치비가 만만치 않다. 마지막 가시는 길이라 해서 에누리도 없고 또 효심과 관계된 일이기에 그렇게 할 용단을 내릴 수도 없다. 다만 가세 형편에 따라 저 · 중 · 고 가격 중에서 택하는 것이다.

가까이 또는 멀리 누구나 다 꼭 한 번은 이 마지막 2박 3일의 여행길을 떠나야 한다. 생전에 살아가기도 벅찬데 이 길 떠나는 데까지 완벽하게 준비해 놓고 사는 사람이 몇이나 되랴. 마음은 있어도 차일피일 미루며 대책 없이 살다가 이 부담을 가족들에게 넘기고 떠나는 것이다. 가능하면 살아 있는 동안 이 마지막 2박 3일을 위한 최소한의 비용이라도 은밀히 비장해 두었다가 떠나는 나를 위해 쓰도록 해야겠다는 생각이 들었다.

근래에 생기기 시작한 납골당, 생소했지만 막상 가서 보니 묘지에서 못 느끼는 색다른 느낌이 들었다. 유골함이 안치된 작은 4각의 앞면 유리벽 가에는 예쁜 꽃으로 둘러 장식하고, 유골함 옆에는 고인의 생전에 웃는 모습이 담긴 작은 사진 액자가 놓여졌고, 가족들 또는 친구들과 찍었던 사진도 놓여 있었다. 더러는 짤막한 글귀가 담긴 쪽지도 있었다.

"엄마, 또 올 게요."
"고통 없는 하늘나라에서 편히 사세요."
"네가 이곳에 있으니 내 마음도 늘 네 곁에 있을 거야."

지워지지 않는 인간의 정 그리고 혼과 혼 사이에 끊임없는 교감이 있음이 아닌가.
명심보감에 있는 글이다.

未歸三尺土 難保百年身 己歸三尺土 難保百年墳
(미귀삼척토 난보백년신 기귀삼척토 난보백년분)

비명에 죽지 않고 온전히 천수를 다하며 살다 가기도 어렵고, 죽은 후 유해마저도 오래 보전하기가 어렵다 했다. 죽은 몸 보전을 위해 필요 이상으로 많은 돈을 들여 묘소를 만들어 무슨 소용이 있으랴. 납골당의 작은 공간 안에 한 줌의 재가 되어 있을지언정 인간의 정이 이어지는 곳이면 어디든 족하지 않을까.

《에세이21》 2005. 봄호.

김장

입동도 지나고 원색의 아름다운 단풍의 가을도 이제 끝자락에 접어들어 아침저녁 쌀쌀한 날씨는 벌써 겨울을 재촉하고 있다. 가는 가을, 오는 겨울이 만나는 이맘때가 되면 가는 데 마다 김장 분위기다. 올해는 배추 농사가 전국적으로 흉작이라 배춧값이 금값이라는 별칭이 붙을 정도로 비싸서 주부들이 울상이다. 작년에는 500원~1,000원 하던 배추가 올해는 4,000원을 오르내리니 부담이 클 수밖에 없다.

아내도 요즘 며칠, 재래시장이다 마트다 분주히 오가며 저울질 하더니 동네 마트에서 3,000원에 흥정하여 20포기를 사왔으나 그나마 상등품도 못 되었다. 다만 중국산이 아닌 것이 확실하기에 다행일 뿐이다.

자기 전에 배추를 다듬어 씻어서 소금물에 절이는 것을 보았는데 자고 나서 아침식사 후 김장을 한다고 서둔다. 집에는 요 몇 해 동안 두 내외만 단출하게 살아왔기에 해마다 김장의 양은 많지 않았다. 그래서 아내 혼자서 언제 해 넣었는지도 모르게 해왔기에 나는 김장을 한다 해도 하는가 보다 하고 덤덤히 넘어가곤 했다. 그러나 올해는 김장한다고 하기에 특별히 볼일도 없고 해서 모처럼 집에서 김장하는 일이나 돕고자 마음먹고 옆에서 지켜보며 아내가 주문하고 시키는 대로 따라 해 주었다.

절인 배추를 맑은 물에 헹궈서 큰 함지박에 포개 담아 놓았다. 썰어놓은 무채를 큰 함지박에 담고 고춧가루를 비롯한 10여 가지의 양념을 쏟아 부어 고무장갑 낀 양손으로 버무리는 아내의 모습을 보니 힘들어 보였다. 하얗던 무채는 어느새 시뻘건 모습으로 변신이 되었다. 이 과정을 보면서 고춧가루가 그렇게 많이 들어가는 것을 비로소 알게 되었으며 그 밖에 10여 가지의 양념 종류도 구체적으로 알게 되었다. 그리고 절인 배추 포기마다 일일이 잎새를 젖혀서 배춧속을 넣으며 바른 다음 다시 덮고 여며서 김치 통에 차곡차곡 쌓아 담는다.

나는 곁에서 이 과정을 눈여겨보며 절인 배추를 날라다 주고 완성된 배추가 담긴 김치통을 옮기고 빈 김치통을 갖다 놓는 일 등 아내가 시키는 대로 주변 일만 돕는 것으로 조력을 했다. 간간이 노란 배추고갱이에 먹음직스런 배춧속을 싸서 먹는 그 맛에 지루감을 달래기도 했다.

김장을 담그기 위해서는 기본 재료로 배추와 무가 있어야 하겠거니와 10여 가지나 되는 양념 재료도 갖춰야 하는데 양념 재료도 흉작인 해는 값도 비싸고 품질도 떨어져 적당한 재료를 구입하는 일도 그리 쉬운 일이 아니다. 그리고 김장 당일에 무채와 함께 버무려지기까지 사전에 준비하고 손질하는 과정도 여간 수고스런 일이 아니다.

그러나 한 가지 예전보다 편리해진 점은 김치냉장고가 있는 것이다. 지금처럼 김치냉장고가 없었던 시절에는 집 마당 한구석에 김칫독을 묻고 갓 만든 김치를 포개 넣어 겨우내 보관했다. 지금은 김치냉장고 덕에 김칫독을 묻는 번거로움이나 추운 날씨에 일일이 밖에 묻은 김칫독까지 가서 꺼내올 필요도 없어진 것이다.??

나는 그동안 김장은 안에서 아낙들이 하는 일이거니 하고 별 관심 없이 여겨왔으며 식탁에 오르면 먹기나 하고 더러 김치가 시거나 없으면 투정이나 했었다. 또 그 동안은 아침에 출근하고 저녁에 퇴근하면서 이런저런 이유로 술이나 한 잔 하고 늦게 들어오다 보니 집안일에 별로 아는 것도, 돕는 일도 거의 없었다.

지금은 은퇴한 지도 몇 해 되고 백수가 되다 보니 집에 있는 날이 많아지고 자연 아내의 역할이 눈에 들어오며 수고가 많음을 새삼 깨닫게 된다. 자세히 살펴보면 집안에서 하는 일이 구태여 부부가 따로 나눠 할 일도 별로 없다. 두 내외만이 살면서 서로 일을 찾아 하면 될 것을 가장이라는 부질없는 권위와 타성에 젖어 선뜻 나서지 못했던 것이다.

마침 얼마 전 아내가 손가락에 알 수 없는 부종이 생겨 병원에 가서 수술을 하고 깁스를 하는 바람에 손을 당분간 못쓰게 되자 이 핑계로 내가 밥도 짓고 설거지도 하고 진공청소기도 돌리며 제법 집안일을 도울 기회가 있었다. 하고 보니 특별히 힘들 것도, 못할 것도 없었다. 예서 더 나가면 요리도 하고 그에 따른 취미가 생길지도 모를 일이다.

이번 처음으로 시종 아내의 김장 담그는 일에 조력하면서 비단 김장뿐만 아니라 아내로서의 집안 살림의 힘든 역정을 새삼 느끼게 되었으며 그동안 나의 무심했던 점에 대해 자책감을 가졌다.

올해의 김장은 나의 자책감과 아내의 노고에 대한 감사와 위로의 마음이 함께 담긴 의미 있는 김장이었다.

《에세이21》 2008. 봄.

연보

• 출생과 성장

1936. 12. 6	경기도 오산시 양산동에서 2녀 1남 중 막내로 태어남
1940~ 1945.8	부모님 따라 만주에 가서 초등학교 3학년까지 다니다 해방을 맞음
1945.8~1959	해방을 맞아 만주에서 부모님과 함께 고향 양산동으로 귀향하여 초 · 중 · 고 · 대학을 졸업할 때까지 향리에서 살았음.

• 학교

1952.4.1~1955.3.10	수원고등학교 졸업
1955.4.1~1959.3.2	동국대학교 문리과대학 생물학과 졸업

• 경력

1958.11.3~1960.12.1	육군 병장 제대
1961.3.1~1974.2.28	중등학교 교사
1974.2.1~1995.2.28	중등학교 교감(3개교)
1995.3.1~2001.8.31	중등학교 교장(3개교)

	한광고등학교 교장 정년퇴임
2000.4.24~	수원지방법원 평택지원 민사, 가사 조정위원
2006.3.21~2008.2	한광여자고등학교 운영위원장
2006.3~	평택안성지역 시사정보주간지 《평안신문》 논설위원

• 수상

교육감상, 교육부장관상, 국무총리상, 국민훈장

• 문단활동

1996.5.31	교육평론 제4회 신인문학작품상 공모에서 수필 부문 우수작으로 당선. 교평문학상 수상
1998.	계간《隨筆公苑》 가을호(현 에세이문학)로 천료
1995.~ 2007	수필산책 회원
2002.5.9~	한국문인협회 회원
2002.3.9~2007.6.29	한국수필문학진흥회 이사
2004.3.26~2006.3.24	한국수필문학진흥회 감사
2006.4.11~	수필동인 양재 회원

• 저서

1999.10.25	수필집《바보의 변명》선우미디어
2007.12.10	《한 마디 말이 모자라서》좋은수필사

현대수필가 100인선 · 97
문석흥 수필선
황금의 언어

초판인쇄 | 2011년 10월 10일
초판발행 | 2011년 10월 15일

지 은 이 | 문 석 흥
펴 낸 이 | 서 정 환
펴 낸 곳 | 좋은수필사

주 소 | 서울시 종로구 익선동 30-6
운현신화타워 빌딩 3층 305호
전 화 | (02) 3675-5635, (063) 275-4000
등 록 | 1984년 8월 17일 제28호
e-mail | essay321@hanmail.net

값 7,000원

ISBN 978-89-5925-366-1 04810
ISBN 978-89-5925-247-3 (전100권)